KB056449

부의
지식
사전

돈의 흐름을 가장 쉽게 설명하는
부자 입문 지침서

부의
지식
사전

은퇴연구소 지음

체인지업
CHANGEUP

진정한 경제적 자유를 위해

모든 사람에게 시간이 공평하다는 말은 순 거짓말이다. 동일하게 주어진 시간 속에서 부자는 자산 가치 상승의 수혜를 보지만, 빈자는 화폐 가치 하락의 피해를 본다. 시간이 지날수록 부자는 더 부유해지고 빈자는 더 가난해지는데, 과연 이것을 공평하다고 말할 수 있을까?

"현금이 왕(Cash is King)"이 되는 경기 침체 시기에, 부자는 더 부자가 된다. 아이러니하게도 IMF와 리먼 브라더스 사태를 겪으며 대한민국에서 부의 양극화 현상은 더욱 심화됐고, 2023년 현재 이런 현상은 다시 한번 재현되고 있다. 그렇다면, "현금은 쓰레기(Cash is Trash)"가 되는 경기 호황 시기에는 반대의 상황이 펼쳐질까? 결단코 아니다. 불황기에 '줍줍'했던 자산의 가치가 두 배, 세 배로 오르면서 부의 양극화는 더욱 심해진다.

이런 불공평한 상황에서 평범한 사람들은 어떻게 부자가 될 수 있을까?

이 책으로 단번에 부자가 된다거나 인생이 바뀔 거라고 말할 순 없다. 다만, '현생'을 살아가면서 '부'에 대해 관심이 있다면 이 정도는 알고 있어야 하는 내용을 담고자 했다. 독자들이 이 책을 통해 '돈이란 무엇인지', 그리고 '경제적 자유를 이룬 사람들은 어떻게 부를 축적했는지', 그 메커니즘에 대해 조금이라도 알게 된다면 더 바랄 게 없겠다. 평범한 사람들이 실전에 적용할 수 있는 부의 지식들을 이 책에 꾹꾹 눌러 담았으니, 분명 도움이 될 것이라고 믿는다.

이 책을 손에 든 당신이 진정한 경제적 자유를 꿈꿀 수 있기를 진심으로 기원한다.

차례

Part 1. 돈 ✳ **MONEY**

Part 2. 땅 ✳ LAND

Part 3. 주식 ✳ STOCK

Part 4. 세금 ✳ TAX

Part 5. 파이프라인 ✳ **PIPELINE**

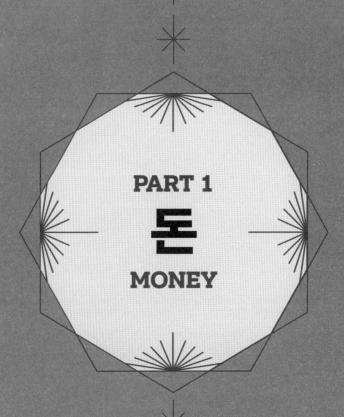

PART 1

돈

MONEY

01

자본주의의 역사는 통화 팽창의 역사다

부자가 되려면 '돈'에 대해 바로 알아야 한다. '자본의 속성'이라는 거창한 말에 빗대지 않더라도 우리는 누구나 돈의 중요성을 잘 알고 있다. '가난이 대문으로 찾아오면 사랑은 창밖으로 도망간다'라는 말도 있지 않은가.

그런데 돈의 중요성은 잘 알지만, 정작 돈의 속성에 대해서는 모르는 사람들이 꽤 많다. 2016년 이전의 나 또한 그랬고, 내 주변에도 여전히 돈에 대해 잘 모르거나 관심 밖에 두고 사는 사람들이 많다. 아니, 오히려 돈을 터부시하거나 돈 이야기를 입 밖으로 꺼내는 것 자체를 꺼리는 경향이 있다. 돈을 벌기 위해 하루 종일 일하지만, 정작 돈을 터부시한다니 이 얼마나 아이러니한 일인가.

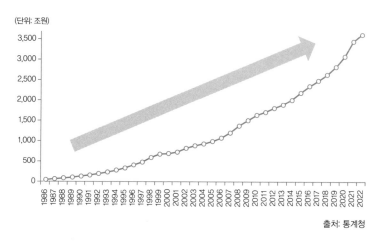

• **연도별 M2 통화량 평균 잔액**(1986~2022년) •

(단위: 조원)

3,500
3,000
2,500
2,000
1,500
1,000
500
0

1986 1987 1988 1989 1990 1991 1992 1993 1994 1995 1996 1997 1998 1999 2000 2001 2002 2003 2004 2005 2006 2007 2008 2009 2010 2011 2012 2013 2014 2015 2016 2017 2018 2019 2020 2021 2022

출처: 통계청

우리나라의 M2 통화량(2년 이내 현금화 가능한 화폐량)은 2023년 초 기준 평균 잔액이 약 3,795조 원이다. 너무 큰 금액이라 감이 안 잡힌다면, 우리나라의 2023년 전체 예산 규모가 약 639조 원 정도이니 정부의 1년 치 살림살이보다 약 6배나 많은 돈이 시중에 유통되고 있다고 이해하면 된다.

통화량은 1988년을 기점으로 폭발적으로 늘었다. 그만큼 한국 경제가 급격하게 성장해 왔다는 뜻이다. 통화량이 많아 시중에 돈이 넘쳐 난다는 이야기는 그만큼 화폐 가치는 떨어지고, 물가는 오른다는 말이다. 당연히 자산 가치도 함께 오른다.

그리고 정부는 부채를 통해 국가를 운영하는데, 결코 부채를 줄이지 않는다. 부채 자체를 줄이기보다는 통화량을 늘려 부채 비율을 낮출 뿐이다. 가령 100조라는 부채가 있다고 가정한다면, 전체 통화량이 1,000조일 때 부채 비율은 10%이지만, 통화량이 2,000조로 두 배가 늘어난다면 부채 비율은 5%로 감소한다. 이런 식으로 부채 비율을 낮출 뿐 절대 부채 자체를 줄이진 않는다. 그러므로 화폐량이 줄어들어 물가가 낮아질 거란 기대는 하지 않는 게 좋다(자산 가치 역시 떨어지지 않는다).

1억 원의 과거와 현재

만약 1억 원이라는 돈을 현찰로 보관하다가 30년 후 한국은행에 가져다주면 어떻게 될까? 구권 1억 원을 액면가 그대로의 신권 1억 원으로 바꿔 줄 것이다. 하지만 물가 상승으로 인해 30년 후 1억 원의 효용은 크게 줄어들었을 것이다. 그 1억 원으로 다른 자산을 샀다면 어떻게 됐을까?

1989년 노태우 정부는 집값 폭등과 수도권 과밀화 해결을 위해 약 30만 호의 1기 신도시를 건설한다고 발표했다. 그리고 이후 약 3~4년 만에 공사를 끝내고 입주를 시작했다. 그야말로 속전속결이었다. 2기 신도시의 경우 발표부터 입주까지 평균 14년이 소요된 걸 감안하면 과연 군사 정권 시절은 다르다 싶다.

• 1989년 1기 신도시 분양가 뉴스 •

출처: 조선일보

    아무튼 1기 신도시 건설 당시 분당의 평균 분양가는 평당 150~165만 원선이었다. 국평(국민 평형의 준말, 전용 면적 34평)인 84m² 아파트의 분양가가 4,500~4,950만 원이었으니, 당시 1억 원이면 아파트 두 채를 매입할 수 있을 만큼 큰돈이었다.

    만약 1억 원으로 분당에 아파트 두 채를 매입했다면 어떻게 됐을까? 현재 분당의 1992~1993년 입주 아파트들이 실거래가 기준으로 보통 12억 원 정도 한다. 두 채를 샀더라면 24억 원 정도 되니 약 24배가량의 수익을 거뒀을 것이며, 그간 집을 사용·수익한 건 덤이 되는 셈이다. 그나마 2022년 부동산 하락으로 12억 원이지, 2021년 고점일 때 기준으로는 1채당 15~16억 원이니 두말할 필요가 있을까?

만약 금을 샀다면 어떻게 됐을까?

1993년 고점일 때 금을 매수했다고 가정하면 1온스당 400달러다. 요즘 금 시세가 1온스당 1,900달러이니 약 5배는 오른 셈이다. 만약 당시 1억 원어치 금을 샀다면 5억 원이 되었을 것이다.

그런데 사실상 금은 물가 상승을 헤지(Hedge, 투자자가 가지고 있거나 앞으로 보유하려는 자산의 가치가 변함에 따라 발생하는 위험을 없애려

• 1992~2023년 2월 금 시세 •

출처: Goldprice.org

는 시도)하는 정도보다 약간 더 높은 수준이다. 1990년 당시 갈비탕 한 그릇은 2,000원이고, 목욕비는 1,500원이었다. 지금은 갈비탕 한 그릇에 보통 8,000~10,000원 정도 하고 동네 목욕탕 요금도 6,000~8,000원 정도이니 물가 또한 약 4배가량 올랐다고 추정해 볼 수 있다. 따라서 금값 상승은 물가 상승분 정도를 헤지하는 수준으로 볼 수 있다.

근로 소득의 한계

  기업은 근로자에게 생활을 영위할 수 있는 딱 그 수준의 급여를 지급한다. 더도 말고 덜도 말고 딱 그 정도다. 딴생각하지 않고 꾸준히 회사에서 일할 수 있도록 물가 상승분에 맞춰 급여를 인상해 주며, 근로자의 시간을 레버리지(Leverage, 타인의 자본을 지렛대처럼 이용하여 자기 자본의 이익률을 높이는 것)한다. 근로 소득의 한계는 너무나 명확하다. 멀리 갈 것도 없이 바로 옆에 앉아 있는 선배나 팀장을 보면 쉽게 알 수 있다.

  혹시 임원이 되면 달라질 것이라 생각하는가? 일반적인 대기업의 경우 임원의 첫 단추인 상무보의 초임 연봉이 1.5~2억 원 정도 되는데, 그 정도 월급을 받는 임원의 소득세율은 무려 38%다. 연봉을 2억 원이라고 가정했을 때 국민연금 4.5%, 건강 보험료

18

3.54%, 거기에 고용 보험과 소득세까지 제하고 나면 실수령액은 일 년에 1.36억 원이고 한 달에 1,135만 원이다. 적지 않은 돈이지만, 그리 많은 돈도 아니다. 소득의 50%를 10년 동안 저축한다고 해도 결국 6억 8천만 원 정도가 될 텐데, 이 돈이면 강북에 전세를 얻기도 빠듯한 돈이다.

물론 그 직장이 평생 지속 가능하다면 딱 먹고 사는 정도, 그 정도는 벌 수 있다. 게다가 대기업의 경우 자녀 교육비에 각종 의료 복지 등을 감안하면 평생 사는 데 지장은 없다. 하지만 평생직장의 개념이 없어진 요즘에 정년까지 근속하리라는 보장 또한 없다. 게다가 근로 소득은 내가 근로를 제공할 수 없는 상황에 처하면 가차 없이 끊긴다. 내 몸 어딘가가 고장이 나거나, 집안 사정상 근로 제공이 어렵다면, 매달 꽂히던 월급은 사라진다. 그렇기 때문에 반드시 소득 파이프를 만들고, 투자하며, 자본 소득을 키워 나가야 한다.

부자와 빈자의 차이

나는 다음 그림에 나오는 글을 보자마자 내가 생각하고 있던 '부와 가난'을 관통하는 문구라고 생각했다. 부자는 일하지 않아도 재산이 늘어나지만 빈자는 일을 해도 재산이 줄어든다니! 자산 가치 상승의 수혜를 받는 사람(부자)과 화폐 가치 하락의 피해를 받는 사

· 부자와 빈자 ·

부자 일하지 않아도 재산 증가
서민 일하지 않으면 재산 감소
빈자 일을 해도 재산 감소

람(빈자)을 직관적으로 나타내는 문구가 아닌가.

부자들은 계속해서 부동산(아파트, 건물, 토지 등)을 매입하고 주식과 금, 채권 등에 투자하며 자산을 불렸을 것이고, 빈자들은 빚을 내서 자식들 공부시키며, 지속적으로 노동력을 제공한 대가로 급여를 받으며 힘겹게 살았을 것이다. 직장인인 나 역시 일을 해서 월급을 받고, 그 월급을 소비하며 살아간다. 노동(시간)을 급여(소득)와 맞바꾸는 것이다.

자본 소득

그래서 궁극적으로는 자본 소득을 만들어야 한다. 일하지 않아도 재산이 유지되거나 오히려 재산이 늘어날 수 있도록 말이다. 노동을 급여와 맞바꾸는 삶의 고리를 끊기 위해선 자본 소득이 반드시 필요하다.

물론 '자본 소득=불로 소득'의 등가가 성립하는 것은 아니다. 높은 '이자'를 주는 상품이나 채권을 찾아야 하고, 안정적인 기업 가치를 유지하면서 꾸준히 '배당'을 주는 고배당 기업을 발굴해야 한다. 또한 '임대 수익'을 위해서는 번거로운 계약, 유지 보수, 임차인의 클레임을 감수해야 한다. 하지만 내 시간을 온전히 갈아 넣어야 하는 근로 소득에 비하면 이런 노력은 충분히 감내할 수 있으며, 가치 있는 시간 투자라고 생각한다.

그런데 근로 소득에 의존하는 직장인(혹은 자영업자)이 어떻게 자본 소득을 모을 수 있을까? 대부분의 근로 소득자는 근로 소득으로 생계를 유지하며, 여유 자금을 저축한다. 따라서 소득이 정해져 있는 직장인은 일단 돈을 모으고 돈을 불려서, 돈이 돈을 버는 시스템의 기초를 마련하는 데 집중해야 한다.

처음엔 근로 소득으로 시작하겠지만 저축과 투자를 반복하며 근로 소득과 자본 소득을 동시에 얻을 수 있도록 투자를 계속해야 한다. 처음엔 작게나마 주식 배당이든 파킹 통장 이자든 자본을 통해 소득이 생기는 걸 경험하는 게 중요하다.

그리고 나서 레버리지를 통해 마련한 작은 구분 상가나 아파트에서 임대 소득을 얻고, 대출금을 갚아 나가며, 자본 소득의 비율을 늘려야 한다. 운 좋게 상가나 아파트 가격이 오르면, 이를 정리하고 한 단계 더 입지가 좋은 상가나 아파트로 갈아타면서 자본의 크기를 늘려야 한다.

'운 좋게 가격이 오르면'이라고 표현했는데, 사실 투자는 운도 중요하다. 당연히 투자할 때는 사전에 상권(상가), 입지(아파트), 트렌드, 가격 등에 대해 충분히 공부하며 여러 가지를 대비해야 하지만, 미래를 완벽히 예측하는 것은 불가능하기 때문이다.

미국 연방공개시장위원회(FOMC)에서 금리를 올릴지 내릴지, 정부의 부동산 정책이 어떻게 움직일지, 경기가 연착륙할지 경착륙할지는 아무도 모른다. 단지 내가 가진 투자금과 현금 흐름을 바탕으로 견딜 수 있는 임계점을 명확히 인식하고, 리스크를 헤지할 수 있는 수단을 마련한 뒤 투자에 나서는 수밖에 없다. '진인사대천명(盡人事待天命)'이라고 했던가. 결국 그 뒤의 큰 수익은 운에 달렸다. 어느 누가 코로나 직후 주식 시장이 이렇게 큰 V자 반등을 이루며 고점을 찍을지, 그리고 최근 부동산이 이렇게 하락할지 알 수 있었을까?

도박처럼 모든 걸 운에 맡기라는 뜻은 절대 아니다. 자신만의 기준을 가지고 시장을 떠나지 말고 꾸준히 공부하며 투자해야 한다. 투자의 대전제는 "화폐 가치는 하락하며 자산 가치는 우상향한다. 모든 위기는 극복되어 왔고, 인류는 성장한다."이다. 이 대전제 아래 투자 공부를 게을리하지 말아야 하며, 위기의 순간에도 내가 투자할 수 있는 그릇을 키우고 있으면 어느새 '자본 소득 〉근로 소득'이 되는 시점이 도래할 것이다. 그리고 자본 소득으로만 생활이 가능해지는 시점이 올 때 비로소 경제적 자유를 이룰 수 있을 것이다.

다만, 그 시점이 왔을 때 더 큰 욕심을 부린다면 다시 극한의 자본 노동을 해야 할 것이다. 투자를 위해 더 많은 기업을 공부하고, 더 큰 부동산을 찾기 위해 스트레스를 감내해야 한다. 만약 본인의 목표가 더 큰 부라면 더 정진하면 되지만, 나처럼 은퇴가 목표라면 그 시점에 만족할 줄 알고 버릴 수 있는 용기를 지녀야 한다. 그래야 진정한 시간 부자가 되지 않을까?

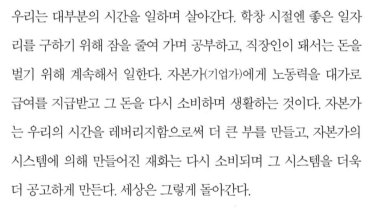

02 경제적 자유를 위해

우리는 대부분의 시간을 일하며 살아간다. 학창 시절엔 좋은 일자리를 구하기 위해 잠을 줄여 가며 공부하고, 직장인이 돼서는 돈을 벌기 위해 계속해서 일한다. 자본가(기업가)에게 노동력을 대가로 급여를 지급받고 그 돈을 다시 소비하며 생활하는 것이다. 자본가는 우리의 시간을 레버리지함으로써 더 큰 부를 만들고, 자본가의 시스템에 의해 만들어진 재화는 다시 소비되며 그 시스템을 더욱더 공고하게 만든다. 세상은 그렇게 돌아간다.

통계청 자료에 따르면 우리나라의 경제 활동 인구는 약 2,818만 명인데, 그중 1,916만 명이 근로 소득자다. 돈을 벌고 있는 모든 사람 중에 근로 소득자가 68%인 셈이다. 나 역시 그중 한 명이며, 하루 24시간 중 10시간가량을 회사에서 보낸다. 물리적인 근로 시간 외에도 정신적인 스트레스가 집에 와서도 이어지니 플러스알파겠지만, 물리적인 시간만 보면 24시간 중 10시간을 회사에서 보낸다. 아니, 거기에 출퇴근 시간, 준비 시간을 포함하면 적어도 하루에 12시간은 회사를 위해 투자한다.

그러면 우리가 온전히 스스로를 위해 쓰는 시간은 얼마나 될까? 최소 수면 시간을 6시간으로 잡고, 그 외 생리 현상 및 식사 시간을 2시간으로 잡으면 사실상 하루 중 우리가 자유 의지로 쓸 수 있는 시간은 고작 4시간밖에 되지 않는다. 나의 개인적인 목표는 자유 의지로 쓸 수 있는 4시간을 최소 세 배인 12시간으로 늘리는 것이다. 그러기 위해선 더 이상 노동 시간을 투여해서 근로 소득을 마련하는 게 아니라, 자본 소득이나 시스템을 통해서 소득을 만들어야만 한다. 이처럼 내가 매일매일 치열하게 고민하고, 글을 쓰며, 끊임없이 투자하는 이유는 바로 내 시간의 주인이 되기 위함이다.

경제적 자유를 위해서는 얼마가 필요할까?

경제적 자유를 이루려면 도대체 얼마가 필요할까? 평소에 지급 받던 수준의 월급이 또박또박 들어오면 가능할까? 경제적 자유를 위해 소비를 줄이면 지금 받는 월급보다는 조금 적어도 되지 않을까? 아니, 회사에서 주는 각종 복지(의료비, 복지 카드 지원 등)가 사라지니 오히려 조금 더 많은 돈이 필요한 것은 아닐까? 개인의 씀씀이와 소비 패턴에 따라 저마다 경제적 자유를 위한 필요 자금이 다르기 때문에 선 긋듯이 획일화하긴 어렵지만 대략적인 금액을 계산해 봤다.

2023년 2인 가족 기준 중위 소득은 415만 원이다. 대한민국 소득 가구를 1위부터 줄을 세웠을 때, 가장 중간에 있는 가구의 소득이 415만 원이니 2인 가족이라면 은퇴 이후에도 월급 없이 월 415만 원의 소득을 만들 수 있어야 경제적 자유를 이룰 수 있다. 그런데 이건 2023년 기준 중위 소득이다. 물가 상승률이 연평균 2%씩 늘어난다고 가정하면 40년 뒤인 2063년에는 월 899만 원이 필요하다. 이렇게 계산했을 때, 40세에 은퇴해서 80세까지 40년 동안 중위 소득 정도의 소비만 한다고 가정하면 약 25억 원의 돈이 든다.

조금 다르게 접근해 보자. 일정 금액을 모아 놓고 현실적인 수준의 자본 수익을 통해 현재의 소비 생활을 이어 가려면 얼마가 필요할까? 현재 강남 건물의 투자 수익률은 2%로 잡는다. 강북으로 가면 3%대로 조금 더 오르고 지방으로 가면 4~5%대로 더 오른다. 서울의 경우 시세 상승 여력이 높기 때문에 임대 수익률이 다소 낮은 편이고, 지방은 시세 차익보다 임대 수익의 비중이 높기 때문에 매매가 대비 임대료가 다소 높은 편이다. 배당 소득이나 예금 이자는 어떨까? 배당 소득의 경우 우량주인 삼성전자 기준으로 2~3%대다. 은행 예금의 경우 2023년 현재 4%대 정기 예금이 있지만, 지금이 정말 특수한 케이스이고, 금리 안정화 시기에 1금융권 정기 예금은 보통 2%대로 그리 높지 않았다. 안정적으로 매년 3% 정도의 수익 창출이 가능하다는 가정하에 연간 4,152만 원(2인 가족 기준 중위 소득)을 창출하려면 약 14억 원의 목돈이 필요하다. 참고로 이 돈은 부채를 제외한 순자산 기준이며, 본인이 사용·수익하는 주택은 부채 없는 자가임을 전제로 한다. 위 예시에서 알 수 있듯이 경제적 자유를 위해선 꽤 많은 돈이 필요하며, 일반인이 이루기란 쉽지 않다. 그래서 포기하는 사람도 많다. 하지만 우리가 원하는 경제적 자유는 모든 걸 내려놓고 흥청망청 노는 게 아니라 내 시간의 주인이 되어 내가 원하는 대로 쓰면서 생활하는 일종의 반백수이므로 '자본 소득 + 반 근로 소득(소득 파이프라인)'을 만들면 가능하다.

경제적 자유를 얻은 부자들의 공통점

"빌 게이츠가 길에 떨어진 100달러를 줍는 건 시간 낭비다."
예전에 이런 말이 유행했었다. 빌 게이츠의 연간 수익을 초 단위로 계산해 보면 빌 게이츠가 100달러를 줍기 위해 허리를 굽히는 단 몇 초의 시간이 100달러를 초과하기 때문에 나온 우스갯소리인데, 당시 나는 이 이야기를 들으면서 '빌 게이츠가 나한테 10만 달러만 주면 얼마나 좋을까? 어차피 빌 게이츠에게 10만 달러는 돈도 아닐 텐데.'라는 생각을 했다. 지금 돌이켜 보면 얼마나 바보 같은 생각이었는지 자다가도 이불 킥을 날리곤 한다.

부자에게 10만 달러나 나에게 10만 달러나 사실 동일하다. 부자라고 해서 결코 10만 달러를 우습게 보지 않는다. 이는 어느 부자나 마찬가지다. 비단 이것뿐만 아니라 부자들에게는 몇 가지 공통점이 있다. 빌 게이츠나 워런 버핏 혹은 이재용처럼 전 세계적인 부자뿐 아니라 수십억대 자산을 가진 부자들도 가진 공통점이다.

첫째, 부자는 노동의 가치를 소중히 여긴다. 예를 들어 연봉 5천만 원을 받는 직장인이 있다고 가정해 보자. 이 직장인은 스스로 가진 것이 없다고 푸념하면서 내 집 마련에 허덕이며 자신을 루저라고 생각할지도 모른다. 하지만 부자는 이 사람을 다르게 평가한다. 연봉 5천만 원이라는 것은 곧 20억 원을 보유하고 있는 것과 같다. 보통 세금과 이자를 포함해 꼬마 빌딩의 기대 수익을 대략 2.5% 정도로 잡는다. 20억 원 상당의 건물을 소유하고 있을 때 연간 5천만 원의 자본 소득을 창출할 수 있으니, 연봉 5천만 원인 근로자는 20억 원의 가치를 지니고 있는 것과 같다. 다만 자본이 없으니 몸으로 때우고 있을 뿐이다.

둘째, 부자는 긍정적이다. 나는 개인적으로 이게 부자와 빈자의 가장 큰 차이라고 생각한다. 가난한 사람은 현상에 집중하는 경향이 있다. "이렇게 올랐는데 말이 돼?", "옛날엔 안 그랬어!", "반짝이야~", "내 월급은 그대로인데~"와 같이 감으로 판단한다. 그 판단의 결과물은 대부분 부정적인 것투성이며, 투자와 투기를 구별하지 못한다. 가령 부동산 가격이 급등했던 2021년 12월 기준 반포 자이 국평이 37억 원에 거래됐다. 2017년도에는 15억 원이었으니, 5년도 안 된 기간에 두 배 넘게 오른 셈이다. 그러자 일부 사람들은 '어떻게 국평이 37억 원이냐? 1인당 국민 소득 4만 불도 되지 않는 대한민국에서 이게 말이 되나?'라며 비아냥댔다. 맞는 말이다. 이렇게 생각하면 37억 원은 비정상이다. 하지만 동일한 시기에 중계동의 청구 3차는 14.5억 원에 거래됐다. 강남의 노른자인 반포가 2배 조금 넘게 오를 때 중계는 3배가 올랐다. 이건 말이 되는가? 오히려 중계동에 비하면 반포동 아파트는 저평가된 게 아닐까? 물론 지금은 부동산 하락기를 겪으며 적게는 30%에서 많게는 40%가량 하락한 아파트가 속출하고 있다. 하지만 여전히 2020년도 수준의 가격이며, 상승 직전인 2015년도와 비교하면 크게 오른 상황이다.

반면 부자는 데이터에 입각해 판단하고, 투자에 있어 긍정적인 생각과 태도를 갖고 있다. '자본 시스템이 무너지지 않는 한 이 자산은 꾸준히 우상향한다', '평가 절하되어 있으므로 언젠간 오른다'와 같은 강한 믿음이 있다. 그래서 자산 가치가 하락하는 경기 침체 시기에 자산을 쓸어 담고, 향후 시세 상승의 수혜를 본다. IMF나 서브프라임 모기지 사태를 기점으로 부의 양극화가 심해진 것도 여기에서 기인한다.

셋째, 부자는 행동으로 옮긴다. 똑똑한 사람이 다 부자가 되는 것은 아니다. 물론 높은 확률로 똑똑한 사람이 평균 이상의 소득을 가져가겠지만, 그래 봐야 월급 300~400만 원 차이다. 수십, 수백억의 자산을 이룬 사람들은 똑똑한 사람이 아니라 실행에 옮긴 사람들이다. 앞서 '긍정'을 부자의 가장 중요한 덕목이라고 했던 이유 또한 생각을 행동으로 옮기기 위해선 긍정적인 마인드가 저변에 깔려 있어야 하기 때문이다. 특히 2023년의 경우, 금리 인상으로 인한 경기 침체로 부동산 가격이 폭락하고, 주식 또한 상대적으로 저평가된 종목들이 쏟아지고 있다. 물론 여기서 더 하락할 수도 있다. 상황을 보면 그럴 가능성이 높아 보인다. 하지만 그 바닥이 어디인지는 아무도 모른다. 따라서 지금이라도 조금씩 분할로 자산을 매집하며, 가치 대비 가격 하락 폭이 큰 물건이 있다면 과감하게 투자하는 것도 나빠 보이진 않는다. 다만 본인의 현금 흐름을 알고, 스스로 견딜 수 있을 정도의 임계치는 명확히 정하고 투자해야 한다.

인플레이션에 올라타라

인플레이션으로 인한 금리 인상으로 경기가 침체됐다고 말한다. 사실 엄밀히 말하면 금리 인상과 함께 고용이 정체됐기 때문에 경기가 침체됐다고 보는 게 더 정확하다.

· 인플레이션과 급여 ·

아주 단순하게 월급 200만 원을 받는 직장인 A가 있다고 가정해 보자. 직장인 A는 2021년까지만 해도 10만 원으로 매달 20개의 생필품을 구매해서 사용했다. 그런데 물가 상승으로 생필품 가격은 두 배로 올랐지만, 월급은 그대로라서 이젠 10만 원으로 생필품을 10개밖에 사지 못한다. 이 때문에 생필품을 만드는 기업체의 매출은 반토막이 났고, 이익률은 그보다 더 낮아졌다. 기업은 인원 감축을 통해 비용 절감에 나섰고 직장인 A는 해고되어 길거리에 나앉게 됐다. 이게 물가 인상이 초래한 최악의 경기 침체 시나리오다. 파월이 2023년에도 기준 금리를 계속해서 올릴 수 있는 이유는 미국의 탄탄한 고용 지표에 근거한다. 그런데 우리나라는 조금 다르다. 한국의 실업률은 2023년 1월 기준으로 전월보다 0.4%p 더 올랐고 기업 실적도 악화되고 있다.

인플레이션이 극에 달하며 유동성이 넘쳐 났던 2021년 코스피는 3,300p를 넘어서고, 부동산 가격은 하늘 높은 줄 모르고 치솟았다. 당시 레이 달리오는 "현금은 쓰레기(Cash is Trash)"라며, 돈을 쥐고 있는 사람을 바보라고 표현했다. 당시엔 뭘 사도 오르던 시기였으니 틀린 말은 아니다. 그런데 2022년부터 상황이 급변했고, "현금이 왕(Cash is King)"인 시대가 도래했다. 자산 가격이 30~40% 하락하면서 현금 부자 세상이 왔다. 15억 원이었던 아파트가 9억 원으로 떨어졌고, 9만전자에 육박했던 삼성전자 주가가 6만 원대로 떨어졌으며, 네이버 주가는 반토막 났다. 따라서 지금 싼값에 자산을 매집하는 현금 부자는 향후 다시 자산 가치가 상승했을 때, 지금보다 더 부자가 될 것이며 다른 사람들과의 자산 차이를 더욱 늘릴 것이다.

이렇듯 경기는 급변하며 상승과 침체를 반복한다. 하지만 다음

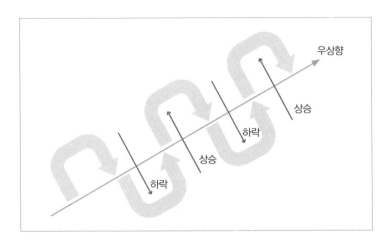

그래프에서 보는 것처럼 꾸준히 우상향한다. 경기 하락으로 인해 자산 가격이 30~40%가량 하락하더라도 길게 보면 과거의 특정 시점보다 더 높다. 그래프가 수평이 아니라 30도가량 기울어진 직선이기 때문이다. 그래서 우리는 경기가 좋을 때나 나쁠 때나 시장을 떠나선 안 된다. 오히려 자산 가격이 하락한 지금이 진짜 투자 공부를 할 좋은 시기다.

금리 인하 요구권, 당당한 소비자의 권리

금리 인하 요구권이란 차주(借主, 대출받은 사람)가 본인의 신용 상태 및 재정 상태가 개선된 경우, 금융 회사에 금리 인하를 요구할 수 있는 권리이다. 금융 회사에서 서비스 차원으로 해 주는 것이 아니라 법적으로 보장된 당연한 권리로 은행법 제30조에서 이를 보장하고 있다. 2018년부터 법제화되어 운영되고 있는 제도로 신용 등급 및 재정 상태 개선에 따라 적게는 0.1%에서 많게는 0.5%까지 금리를 인하해 준다. 시중 은행은 물론 상호저축은행법의 적용을 받는 저축 은행(2금융권)에도 청구할 수 있다.

금융위원회 자료에 따르면 금리 인하 요구 신청 건수는 해마다 늘고 있다. 2019년 75만 건이던 신청 건수는 2021년 118만 건으로 늘어 최초로 100만 건을 돌파했으며, 금리가 대폭 인상된 2022년에는 상반기에만 무려 119만 건의 신청 건수를 기록했다. 이에 반해 은행의 수용률은 갈수록 줄어들었다. 수용률이란 차주의 금리 인하 요구에 따른 금융 회사의 승인 여부인데, 2019년 48.6%에서 2022년 28.8%로 낮아졌다. 2022년 기준 금리 인하를 청구한 차주 3~4명 중 1명 정도만 실제로 금리 인하 혜택을 봤다는 말이다. 서민들의 금리 인하 요구 신청은 늘어 가는데 금융 회사는 이익을 늘리기 위해 수용하지 않으니, 시쳇말로 정부에서 빡이 쳤고, 2023년 2월부터 금리 인하 요구권에 대한 관리 감독을 강화하겠다고 밝혔다.

시중 은행은 주택 담보 대출이나 전세 대출 혹은 신용 대출을 실행할 때, 차주의 '신용도'를 가장 우선해서 본다. 이것을 포괄적으로 리스크라고 표현하는데, 가산 금리를 책정하는 데 있어 차주의 리스크가 가장 큰 비중을 차지한다. 따라서 본인의 리스크가 줄어든 경우 차주는 금리 인하를 요구할 수 있는데, 여기서 말하는 리스크 감소란 '승진', '급여 인상', '대출 상환', '전문 자격증 취득', '재산 증식' 등 다양하다.

· 금리 인하 요구권 ·

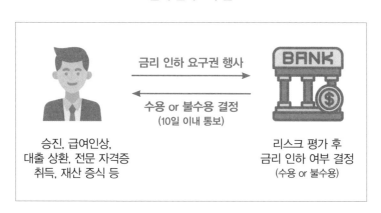

그런데 일상에 치여 살다 보면 내 신용도가 얼마인지, 그리고 금리 인하를 요구할 수 있는 권리가 있는지조차 모르는 경우가 많다. 그래서 정부는 금리 인하 요구권 사용을 확대하고자 2023년 상반기부터 금융 회사에 신용도가 높아진 차주에게 금리를 인하할 수

있는 청구권이 있음을 안내하도록 권고했고, 결과를 통지할 때는 '왜 수용되지 않았는지'에 대해 자세히 답변하도록 했다. 과거에는 금리 인하 여부를 답변할 때 딱 잘라서 '대상 상품 아님', 혹은 '이미 최저 금리 적용' 등 성의 없이 답변했기 때문에 왜 불수용이 됐는지에 대한 이유조차 알 수 없었지만, 앞으로는 불수용 사유를 세분화하여 답변을 받을 수 있게 됐다. 별거 아닌 듯 보이지만 불수용 사유에 대한 세부적인 답변을 받는 건 생각보다 중요하다. 본인의 신용 상태에 대해 더 정확히 알고 대응할 수 있기 때문이다. 가령 은행에서 틀린 정보를 기반으로 산출했다면, 다시 산출할 것을 요구할 수도 있다. 그리고 그동안은 은행 내부적인 사유를 들어 '대상 아님'으로 통보할 수 있었지만, 이제 '왜, 어떻게 대상이 아닌지'를 설명해야 하기 때문에 은행도 앞으로는 불수용에 있어서 좀 더 조심스러울 수밖에 없다.

특히 주택 담보 대출이나 전세 대출 금리가 6~7%까지 치솟아 수십, 수백만 원의 원리금을 내고 있는 차주들에게는 꼭 필요한 조치가 아닌가 생각한다. 금리 인하 요구권은 모바일이든 영업점 방문이든 어떤 방식으로든 가능하며, 신청 이후 영업일수 10일 이내에 결과 및 사유가 안내된다. 신청시 필요 서류도 단순하다. 직장이 변동되거나 승진을 한 경우 재직 증명서가 필요하며, 연 소득이 증가했다면 원천 징수 영수증(회사 발급)을 첨부하면 되고, 부동산 취득으로 재산이 증가했다면 등기부 등본을 첨부하면 된다. 그러니 조금 귀찮더라도 소득이 변화했거나 재산이 늘었다면 은행에 금리 인하를 청구해서 조금이라도 금리를 낮춰 보자.

주택 연금, 자녀에게 민폐일까 노후의 안전장치일까?

최근 물가가 폭등하고, 삶이 팍팍해지면서 주택 연금에 대한 수요가 늘고 있다. 이와 관련하여 '돈 없이 늙는 게 가장 서럽다. 은퇴자들이 몰리는 이것'이라는 타이틀로 관련 뉴스가 대서특필되기도 했는데, 개인적으로 주택 연금은 자녀들이 먼저 나서서 부모님에게 권해야 하는 상품이 아닐까 생각한다. 부모님 세대의 걱정 중하나가 '자녀에게 물려줄 거라고는 집밖에 없는데, 주택 연금에 가입해 버리면 홀라당 써 버리는 게 아닌지' 하는 고민이다. 그런 걱정을 덜어 드리고, 조금이라도 더 편하게 노후 생활을 하시도록 도와드리는 게 자녀의 도리가 아닐까?

주택 연금이란 주택 소유자가 집을 담보로 제공하고 내 집에 살면서 평생 연금을 받는 제도다. 정액형 기준 70살 노부부가 시가 3억 원짜리 주택을 담보로 가입할 경우 월 수령액은 90만 원 정도 되며, 이 연금은 국가가 보증하고 부부 모두가 사망할 때까지 제공된다. 단, 부부가 모두 사망할 경우에 해당 주택의 소유권은 은행으로 귀속되게 된다. 보통 주택금융공사(HF)가 가져간다고 생각하는데, 엄밀히 말하면 해당 주택의 담보권은 은행이 설정하고, 주택금융공사는 보증을 해 줄 뿐이다.

주택 연금의 핵심은 추후 사망했을 때 보상 부분이다. 부부 중 한 명이 사망한 경우 연금은 남은 사람이 승계받아 계속해서 수령할 수 있기에 문제가 없지만, 두 사람이 모두 사망한 경우에는 문제가 된다. 특히 연금의 일부만 수령하고 조기에 사망한 경우 이 귀속 재산(주택)이 어떻게 되는지가 핵심인데, 결론부터 이야기하면 수령 도중 조기에 사망해 주택 가격이 연금 지급 총액보다 클 경우 남은 차액은 자녀가 일시금으로 상속받을 수 있다. 반대로 오래 살아서 연금 총액이 주택 가격보다 크다고 하더라도 부족분에 대해서는 별도로 추가 납부하지 않아도 된다. 예를 들어 주택 가격이 3억 원인데, 죽기 전까지 받은 연금 총액이 3.5억 원이라 하더라도 차액 5천만 원은 국가가 부담한다. 이것이 주택 연금의 가장 큰 장점이다.

게다가 부모님이 모두 사망한 후 자녀가 담보 주택을 은행에 제공하지 않고 대출금(지급된 연금 총액)을 상환하는 경우, 주택의 처분 없이 근저당권을 말소할 수 있다. 다만, 이 경우 연금 총액(대출금) 및 이자, 수수료 등을 부담해야 한다. 그런데 보통 주택을 담보로 연금을 받는 경우 형편이 여의치 않은 경우가 대부분이고, 자녀의 경제적 여력 역시 좋지 않은 경우가 많기 때문에 사실상 이런 경우는 극히 드물다.

주택 연금에 가입하려면 몇 가지 조건이 있다. 먼저 부부 중 한 명이라도 만 55세 이상이어야 하며, 주택 수에 관계없이 전체 주택의 공시 가격 합이 9억 원 이하여야 한다. 즉, 다주택자라고 하더라도 저렴한 주택을 여러 채 보유하고 있다면 해당 주택을 담보로 주택 연금에 가입할 수 있다. 참고로 기준이 되는 가격은 공시 가격으로 국토부 '부동산 공시 가격 알림이'에서 확인 가능한데, 보통 실거래가의 65~75% 정도 수준이다. 따라서 실거래가 기준으로 하면 대략 12억 원 상당의 주택까지 가입이 된다고 보면 이해하기 쉽다. 그리고 본인이 2주택자인데, 공시 가격 기준 주택 가격의 합이 9억 원을 넘는다면 3년 이내에 비거주 중인 주택을 처분하는 조건으로 가입이 가능하다. 이 경우 3년 이내 나머지 주택을 팔아야 하고 만약 팔지 않으면 자동으로 가입이 해제된다.

연금은 크게 3가지 종류로 구분한다. ① 일반적인 연금형, ② 목돈으로 일부를 한꺼번에 받고 나머지는 연금으로 수령하는 주택 담보 대출 상환용, ③ 기초 연금 수급권자인 경우 사회적 약자 배려 차원에서 주택 연금 대비 최대 21%까지 더 지급하는 우대형이 그것이다. 연금 수령 방법이 3가지였다면, 해당 연금의 수령액 지급 방식도 다시 3가지로 나누어진다. ① 매월 동일하게 받는 정

• 연령 및 주택 가격에 따른 연금 수령액(종신 지급, 정액형) •

(종신 지급 방식, 정액형)   (단위 : 천 원)

일반 주택

연령	주택 가격											
	1억 원	2억 원	3억 원	4억 원	5억 원	6억 원	7억 원	8억 원	9억 원	10억 원	11억 원	12억 원
50세	112	225	338	451	564	677	790	903	1,016	1,129	1,242	1,355
55세	151	302	453	604	756	907	1,058	1,209	1,360	1,512	1,663	1,814
60세	204	409	614	819	1,023	1,228	1,433	1,638	1,843	2,047	2,252	2,457
65세	246	492	739	985	1,232	1,478	1,724	1,971	2,217	2,464	2,615	2,615
70세	300	601	901	1,202	1,503	1,803	2,104	2,405	2,705	2,763	2,763	2,763
75세	373	746	1,120	1,493	1,867	2,240	2,613	2,977	2,977	2,977	2,977	2,977
80세	476	951	1,427	1,903	2,379	2,855	3,310	3,310	3,310	3,310	3,310	3,310

출처: 한국주택금융공사

액형, ② 초기에 많이 받고 이후에 덜 받는 초기 증액형, ③ 초기에 적게 받고 매년 조금씩 금액을 늘리는 정기 증가형이다. 본인의 자금 사정에 따라 시기별로 받는 금액이 달라질 뿐 총액에서는 큰 차이가 없다.

주택 연금 수령액은 나이와 주택 가격에 따라 달라진다. 주택 가격은 공시 가격이 아니라 시세이며, 한국부동산원의 시세나 KB부동산 시세를 기준으로 적용된다. 앞의 표에서 주택 가격 한도가 12억 원까지 표기된 것 또한 실거래가 기준으로 연금이 지급되기 때문이다. 가입은 공시 가격 기준이지만, 지급은 실거래가 기준으로 합리적으로 지급되는 셈이다. 다만 12억 원을 초과하는 주택은 12억 원으로 간주하여 지급된다. 따라서 본인의 주택이 공시 가격은 9억원 이하지만, 실거래가는 12억 원을 초과한다면 그 부분만큼 손해를 볼 수도 있다.

그렇다면 주택 연금은 장점만 있을까?

아니다. 세상에 공짜는 없다. 주택 연금 또한 단점이 분명 존재한다. 가장 현실적인 단점은 '자녀들의 눈치'이다. 자녀들의 경우 무의식중에 부모님의 주택을 본인이 물려받을 상속 재산으로 생각하는 경향이 있기 때문에 불만이 생길 여지가 있다. 대놓고 반대하지는 못해도 탐탁지 않게 생각할 수도 있을 것이다. 하지만 그동안 자녀들을 양육하고 교육한 노고를 생각하면 자녀들은 이 부분을 적극적으로 이해해야 할 필요가 있다고 본다. 시대가 바뀌어 자녀가 부모를 모시지 못한다면, 부모 재산은 부모가 마음대로 처리할 수 있도록 부담을 덜어 드리는 게 자녀의 도리가 아닐까?

그리고 경제적인 단점도 있는데, 가입할 때 주택 가격을 기준으로 월 연금 수령액이 확정된다는 점이다. 당시 주택이 싸다면 연금도 싸게 책정된다. 쉽게 말해 집값이 고점을 찍었던 2021년에 가입한 사람들은 오히려 이게 장점이 될 수 있지만, 하락기인 지금 가입하는 건 가입자에게 있어 분명 손해다. 그리고 해당 주택의 입지가 좋아서 앞으로 오를 여지가 높은 곳이라면 더더욱 손해가 크다. 주택 연금 수령액 계산은 현재 가격을 기준으로 향후 물가 상승률을 감안해 집값이 상승할 것을 가정해서 지급된다. 최소한의 물가 상승분은 반영되겠지만, 개별적으로 입지가 좋은 곳의 경우 주택 가격이 물가보다는 더 오를 텐데 그 부분은 반영되지 않는다.

물론 반대로 집값이 하락해도 연금액은 확정되었으니 하락을 헤지한다고 볼 여지도 있다. 하지만 자산의 가격은 우상향하며 최소한의 물가 상승분만큼은 오르기 때문에 입지가 좋은 곳의 주택을 담보로 연금에 가입할 경우 손해를 볼 가능성이 높다.

착오 송금 반환

얼마 전, 계좌 이체 실수로 다른 사람에게 송금할 뻔한 아찔한 경험을 한 적이 있다. 정신없이 바쁘다 보니 수신인 이름을 확인하지 않고 이체를 할 뻔했는데, 설령 착오로 송금했다고 하더라도 다행히 소액이라 그냥 '똥 밟았다'라고 생각하고 넘길 수 있었겠지만, 만약 고액이었다면 어땠을까? 아마 식은땀이 흐르고 등골이 오싹했을 것이다.

실수로 계좌 이체를 잘못했다고 하더라도 취소는 불가능하다. 더구나 은행에서 사실 관계를 확인했다고 하더라도 바로 돈을 돌려주지 않는다. 계좌 소유주의 허락 없이 마음대로 이체할 수 없는 건 어찌 보면 당연하다(이게 가능하면 누가 은행을 신뢰할까?). 게다가 은행은 개인정보보호법 때문에 상대방의 연락처나 인적 사항도 알려 주지 않으며, 행정권이나 사법권이 없기 때문에 수신인과 연락이 닿지 않으면 어떤 조치도 취할 수 없는 게 현실이다.

예금보험공사의 자료에 따르면 착오 송금으로 잘못 이체되는 돈은 연간 3천억 원이 넘지만, 자체적으로 반환하는 경우는 절반이 채 되지 않는다. 송금받은 돈을 함부로 쓰면 형법 제355조의 횡령에 해당하여 5년 이하의 징역 또는 1,500만 원 이하의 벌금을 내야 하는 데도 불구하고 반환율이 50%가 되지 않는 건 그만한 이유가 있다. 착오 송금에 있어서 횡령죄가 적용되는 경우는 극히 드물다. 계좌 이체 실수로 잘못 송금한 금액별 건수를 보면 10~100만 원 사이가 50%로 가장 많은데, 금액대가 그리 크지 않기 때문에 이 건으로 민사상 부당 이득 반환 청구 및 횡령 고소를 하기가 애매하다. 그리고 착오 송금이 발생하더라도 상대방이 이를 사용하거나 반환을 거부하는 등 명확한 범죄의 고의가 있어야 횡령죄가 성립하는데, 연락이 닿지 않으면 신원 확인 자체가 어렵기 때문에 횡령으로 고소하기가 어렵다.

그래서 예금보험공사는 2021년 7월부터 착오 송금 반환 제도를 도입하여 실수로 송금한 돈을 예금주에게 돌려주는 제도를 운영하고 있다. 제도가 시행됨에 따라 5만 원에서 5천만 원까지는 예금보험공사를 통해 착오로 송금한 돈을 반환받을 수 있다. 착오 송금 이후 1년 이내 신청할 경우 예금보험공사에서 금융 기관 및 관계 부서를 통해 수신인의 신상 정보를 특정하고 연락해 송금을 요청하고, 대신 돈을 받아 준다. 처리 기간은 1~2개월가량 걸리며, 금액대별로 상이하지만 4~14% 정도의 비용을 제외하고 나머지 차액을 돌려준다.

그런데 일반 계좌 이체가 아니라 토스나 카카오뱅크 등 인터넷 은행의 간편 송금의 경우 현행법상 수신인의 실명 확인이 불가능하므로 반환받을 수 없다. 그렇기 때문에 간편 송금을 할 때는 계좌 번호와 수신인의 이름을 한 번 더 확인해야 한다.

포괄 임금제

제도의 취지와 달리 공짜 야근을 강요하는 사측의 수단으로 악용되면서 논란을 빚고 있지만, 사실 포괄 임금제 자체는 판례에서 인정하고 있는 합법적인 제도다. 포괄 임금 제도란 임금 중에서 각각 산정해야 할 복수의 임금 항목을 포괄하여 일정액으로 지급하는 계약을 말하며, 급여에는 야근 수당, 식대, 특근 수당 등이 포함되어 있다. 시쳇말로 각종 수당을 '퉁'쳐서 급여에 포함시킨 것으로 본다.

그런데 원칙적으로는 근로기준법 56조에 따라 근로자의 임금은 여러 항목에 대해 각각 명시해야 한다. 그래야만 사업주와 근로자 간에 근로 시간 및 급여로 인한 이견을 줄여 분쟁의 여지를 없앨 수 있기 때문이다. 하지만 예외적으로 '근로 시간 산정이 어려운 경우' 아래의 요건을 충족할 경우에 한해 판례상 합법적으로 포괄 임금에 대해 허용하고 있다.

① 근로 시간 산정이 어렵거나, 규제 위반이 없을 것
② 당사자 간 합의할 것
③ 근로자에게 불이익하지 않을 것

포괄 임금제는 근로자에게 불리하게 작용할 여지가 많기 때문에 반드시 계약서에 적용 여부를 명시해야 하며, 연장 근로 시간을 명확히 기재해야 한다. 만약 위 3가지 해당 조건을 만족시킨 유효한 계약이라면 합법적인 근로 계약이기 때문에 사업주는 근로자의 초과 근무에 대한 수당을 지급할 의무가 없다. 단, 이는 계약서상에 정해진 노동 시간을 준수했을 경우에만 해당하며, 만약 계약서에 기재된 시간 이상 초과해서 근무할 경우 수당을 지급해야 한다. 가령 계약서에 연장 근로 시간을 주 8시간으로 명시했는데, 주 10시간이 넘는 근로를 제공했다면 초과분인 2시간에 대해서는 수당을 지급해야 한다.

하지만 현실에서 포괄 임금제는 공짜 야근으로 통한다. 특히 노조가 없는 소규모 회사의 경우 근로자에게 불리한 계약을 강요하는 경우가 많다. 가령 소규모 게임 회사의 경우 일명 '크런치 모드'로 한 달에 40시간 야근을 강요당하고 있음에도 불구하고 야근 수당을 전혀 받지 못하고 있고, 영세한 회사의 사무직 직원들 또한 매일 1~2시간씩 고정적으로 야근을 해도 포괄 임금제라는 명목하에 수당을 못 받는 경우가 있다. 하지만 근로자에게 불이익한 포괄 임금은 '불법(무효)'이며, 계약서에 명시한 근무 시간을 초과한 경우 해당 수당을 지급하지 않으면 '임금 체불'이다.

즉, 포괄 임금제라고 하더라도 상식을 넘어서는 야근을 시키고 수당을 주지 않는 건 불법이다. 그리고 기존 급여 제도에서 포괄 임금제로 근로 조건이 바뀐다면 당연히 계약서상 급여는 오르는 게 정상이다. 수당이 포괄적으로 급여에 포함된다면 급여가 오르는 게 당연지사 아닐까?

03 달러 이야기

기축 통화

　기축 통화란 국가 간에 결제나 금융 거래를 할 때 기본이 되는 통화로, 이 개념이 나온 건 그리 오래되지 않았다. 게다가 기축 통화가 달러라는 명시적인 국제법은 존재하지도 않는다. 단지 달러가 과거부터 현재까지 기축 통화 역할을 하고 있으며, 앞으로도 확률상 계속될 가능성이 가장 높을 뿐이다.

　과거 금 본위 제도(Gold Standard System)가 유지되던 때에는 기축 통화의 개념이 명확했다. 화폐의 가치를 일정량의 금과 등가 관계를 유지하도록 해서 순금 1온스(28.35g)당 당시 패권 국가의 화폐로 교환해 줬기 때문이다. 과거 대영 제국이 그랬고, 브레턴우즈 시스템(Bretton Woods system, BWS)이 유지되던 1971년 이전까지의 미국이 그랬다. 2차 세계 대전 이후 1971년까지 유지됐던 브레턴우즈 시스템하에서는 미국 중앙은행에 35달러를 주면 금 1온스로 바꿀 수 있었다. 그러니 세상에 그것만큼 명확한 기축 통화가 어디 있을까.

· 달러=금? ·

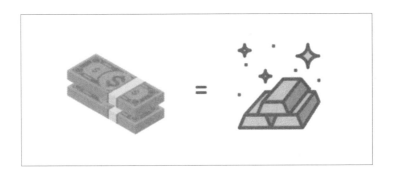

하지만 1971년 미국 닉슨 대통령은 베트남 전쟁, 그리고 소련과의 냉전 등으로 인한 막대한 지출로 더 많은 달러가 필요하게 되자 금 본위 제도를 포기했다. 더 이상 달러를 금으로 바꿔 줄 수 없다고 선언함과 동시에 달러를 마구 찍어 내기 시작했다. 과거엔 금본위제에 따라 보유하고 있는 금에 비례하는 만큼만 달러를 찍어 낼 수 있었지만, 금 본위제를 포기하면서 달러를 마음껏 찍어 낼 수 있게 된 것이다.

그래서 이렇게 달러를 마구 찍어 낸 미국이 망했는가? 아니다. 금 본위제를 포기했음에도 불구하고 50년이 지난 지금까지도 달러는 기축 통화 역할을 하며 미국의 절대적 패권을 유지하는 데 일조하고 있다.

오히려 현대에 이르러 달러는 '안전 자산'처럼 여겨지고 있다. 전 세계 모든 나라가 달러를 곳간에 쟁여 두고 "우리는 달러를 많이 보유한 안전 국가"라고 말하는 소위 '외환 보유고=국력'이 되는 세상이 되었다. 참고로 우리나라의 외환 보유고는 약 4,500억 달러로 전 세계 8위 정도 된다.

그렇다면 어떻게 달러는 금 없이 기축 통화 역할을 할 수 있게 되었을까? 아니, 질문을 조금 바꿔 어떻게 종잇장에 불과한 달러가 금처럼 여겨지게 됐을까?

페트로 달러

특정 화폐가 전 세계 기축 통화 역할을 하기 위해선 금을 대신할 만한 '신뢰'가 있어야 하며, 전 세계적으로 쓰일 정도의 '통화량'이 있어야 한다. 그리고 결정적으로 통화는 고여 있지 않고 유통되어야 그 기능을 발휘할 수 있다.

달러의 경우 패권 국가인 미국 자체가 브랜드이니 신뢰도 측면에선 대체재가 없고, 이미 과거 금 본위 제도하에서 전 세계적으로 유통되고 있었으니 통화량도 다른 화폐와 비교할 수 없을 정도로 많이 뿌려져 있다. 게다가 미국은 우방 사우디아라비아를 등에 업고 페트로 달러(petrodollar, 석유를 팔아 얻은 달러를 이르는 말로 국제 정치·경제학적 측면에서는 달러로만 석유 대금을 결제할 수 있게 하는 체제를 말한다)를 전 세계에 유통하면서 마지막 문제도 해결했다.

· 페트로 달러 시스템 ·

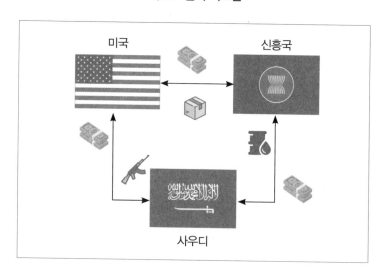

현재 국제 원유는 오로지 달러로만 거래할 수 있다. 1970년대 사우디아라비아와 미국이 맺은 계약에 따라 미국이 사우디아라비아를 군사적으로 지원하는 대신 원유 결제는 달러로만 하도록 페트로 달러 시스템을 구축했다.

1974년 석유 파동 이후 미국의 헨리 키신저는 사우디아라비아와 협약을 맺어 신흥국이 사우디아라비아에서 석유를 매수할 때 무조건 달러로만 결제해야 하는 시스템을 만들었다. 별거 아닌 것처럼 보이지만, 원유의 달러 결제 시스템은 지금의 미국을 만든 원천이라고 해도 과언이 아니다. 오죽하면 당시 헨리 키신저를 '미국 구국의 영웅'이라 불렀을까.

원유는 경제와 밀접한 관련을 지닌다. 원유는 모든 산업의 원동력이다. 자동차, 철강, 조선, 반도체 등 모든 산업 시설은 석유 자원의 영향을 직간접적으로 받는데, 특히 신흥국의 입장에선 경제 발전을 위해 반드시 필요한 자원 중 하나다.

그런데 페트로 달러 시스템이 도입되면서 신흥국은 석유를 구입할 달러를 모으기 위해 미국에 상품을 수출하기 시작했다. 이렇게 모은 달러는 다시 석유 매입을 위해 사용되며, 이렇게 석유를 팔아 달러를 모은 사우디아라비아는 다시 미국의 채권을 매입해서 부를 늘리고, 각종 군사 무기를 수입하면서 다시 미국에 달러를 가져다 준다. 미국은 자국으로 흘러 들어온 달러로 신흥국의 물건을 사 줌으로써 달러는 돌고 돌며 기축 통화 역할을 하게 되는 것이다.

쉽게 말해, 페트로 달러 시스템이 달러를 전 세계로 돌리는 펌프 역할을 하게 된 것이다. 그 덕분에 달러는 다시 기축 통화로서의 위상을 찾게 되었고, 미국은 달러를 찍어 내기만 해도 전 세계가 알아서 사 주다 보니 패권 국가로서의 지위를 지금까지 누리고 있다.

물론 미국이 쉽게 그 지위를 누리는 건 아니다.

달러가 기축 통화 역할을 하게 되면 필연적으로 미국은 무역 수지 적자를 감수할 수밖에 없다. 미국이 적자를 감수하고 신흥국의 물건을 계속해서 수입해 줘야만, 신흥국은 벌어들인 달러로 다시 원유를 구입하고 경제 활동을 이어 갈 수 있다. 이러한 연유로 미국은 늘 수출액보다 수입액이 월등히 높다.

미국은 매월 70~80억 달러(9~10조 원)에 달하는 무역 적자를 감수하면서 기축 통화의 지위를 누리고 있다. 물론 적자가 나는 것 이상으로 달러를 찍어 내기 때문에 미국 경제에는 크게 악영향을 미치지 않는다. 만약 우리나라가 이렇게 적자를 지속했다면 파산에 이르렀겠지만 말이다.

그리고 미국은 패권 국가로서 세계 경찰국 역할을 하기 때문에 국방비에 천문학적인 예산(1년 국방 예산 1천 조)이 소요된다. 괜히 천조국이라는 이야기가 나온 게 아니다. 전 세계 2~10위 국방비를 다 합쳐도 미국의 국방비에 미치지 못한다. 기축 통화 역할을

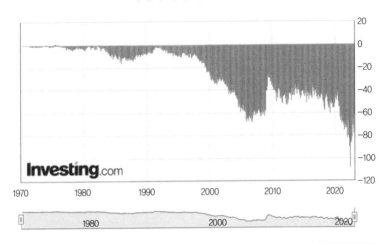

• 미국 무역 수지 적자 그래프 •

출처: 인베스팅닷컴

위해선 국가간 물리적 충돌(전쟁)이 발생했을 때 압도적인 군사 우위로 상황 정리를 할 수 있어야 한다. '신뢰'의 기본은 결국 국력이기 때문이다. 참고로 현재 우크라이나와 러시아의 전쟁에 미국이 참전하지 않는 이유는 명분이 없기 때문이다. 우크라이나는 나토 가입국이 아니며, 미국과 상호 우방 조약을 체결한 적이 없기 때문에 직접적인 참전 대신 무기 및 각종 군수 물품 지원 정도만 하고 있다.

04

경기 침체

＊

코로나와 양적 완화

2008~2009년 리먼 브라더스 사태 당시 벤 버냉키(Ben Bernanke, 당시 연방준비제도 이사회 의장)는 양적 완화를 통해 세계를 구했다. 어마어마하게 많은 달러를 찍어 내 시중에 뿌렸고, 그 유동성 덕분에 미국은 위기를 극복할 수 있었다. 오죽했으면 당시 벤 버냉키 연준 의장의 별명이 '헬리콥터 벤'이었을까.

2020년에는 '코로나'라는 전대미문의 사태가 벌어졌다. 그간 있었던 경제가 발단이 된 위기(신흥국 사태, 리먼 사태 등)가 아니라 전염병에 의해 발생한 초유의 사태였다. 1918년에 발발한 스페인 독감 이래 최악의 전염병 사태가 벌어진 것이다. 미국을 비롯하여 전 세계는 '격리'라는 극약 처방을 통해 코로나를 극복하려고 애썼다.

격리와 백신 덕분에 코로나는 잠잠해졌지만, 그 부작용으로 다시 세계 경제가 주춤했다. 미국은 세계 경제를 살리기 위해 또다시 양적 완화를 시작했고, 벤 버냉키의 바통을 이어받은 파월이 유동성을 크게 늘렸다. 그러자 세계 경제는 언제 그랬냐는 듯 다시 살아났다.

· 미국 M2 통화량 그래프 ·

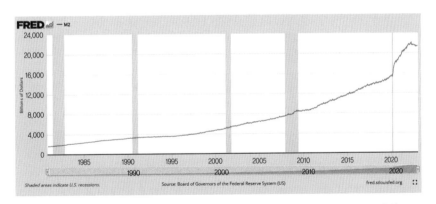

출처: FRED

2020년부터 2022년 초반까지 미국의 통화량 상승세는 유례를 찾아볼 수 없을 정도로 가팔랐다. 코로나로 인해 경제가 멈추자 정부는 통화량 자체를 늘려 경기를 부양하려고 했다. 그게 우리가 아는 양적 완화다. 참고로 미국이 이토록 가파른 양적 완화(달러 유동성)를 시행했음에도 불구하고 견딜 수 있었던 건 달러가 기축 통화이기 때문이다.

우리는 경제에 대해 이야기할 때, '돈이 돈다'라는 표현을 쓴다. 그걸 조금 더 경제적으로 유식하게 표현하면 '통화 유통 속도가 빠르다'라는 뜻인데, 통화 유통 속도는 명목 국내 총생산(GDP)을 M2(광의의 통화)로 나눠서 계산한다.

쉽게 말해 통화 유통 속도가 느리더라도(경제가 어렵더라도) 통화량이 늘어나면 GDP가 상승하고, 통화 유통 속도가 빠르더라도(경제가 활황이라도) 통화량이 줄어들면 GDP가 하락할 수 있다는 뜻이다. 그래서 각국 정부는 어려울 때마다 통화량을 풀어 유동성을 늘리며 경기를 부양했다. 그렇게 2020년 코로나도 극복한 것이다.

당시 나스닥은 9,000p에서 7,700p 이하로 빠졌다가 V자 반등에 성공해 무려 15,000p까지 올랐고, 코스피도 2,250p에서 1,400p대까지 빠졌다가 3,300p까지 반등했다. 코로나로 인해 하락할 때 당시 L자 하락이니 U자 하락이니 W자 하락이니 말들이 많았지만, 세계 경제는 코로나를 비웃기라도 하듯이 V자 반등을 하며 전고점을 뚫고 수직 상승했다.

금리 인상과 경기 침체

　하지만 코로나발 유동성 확대의 끝은 참담했다. 세계의 공장 역할을 하던 중국이 봉쇄되자 공급이 부족해지기 시작했고, 엎친 데 덮친 격으로 러시아와 우크라이나의 전쟁이 발발하면서 원유, 천연가스, 곡물 가격이 천정부지로 치솟았다. 참고로 러시아는 세계 2위의 석유 생산국이며, 우크라이나는 중앙아시아와 동유럽 최대의 곡창 지대다.

　거기에 코로나발 유동성 확대로 시중에 돈이 넘쳐 나다 보니 물가는 오를 수밖에 없다. 마치 인플레이션을 위해 미국과 중국, 그리고 러시아가 도원결의하듯이 하나로 뜻을 모았고(?), 물가가 폭등하기 시작했다.

　인플레이션이 발생하면 이를 잡기 위해 금리를 인상할 수밖에 없다. 금리를 올리면 유동성은 줄어든다. 예금과 채권의 금리가 오르면 시중에 있던 돈은 예금과 채권으로 빨려 들어가고, 유동성이 줄어들면 물가는 안정되기 마련이다.

　하지만 문제는 경기다. 금리는 경기와 밀접한 관련이 있다. 사실 경기가 좋을 때 금리 인상은 전혀 문제되지 않는다. 금리 인상을 하더라도 고용 지표가 탄탄해서 근로자의 임금이 받쳐 주면, 금리를 올려도 가계 부채를 감당할 수 있다. 소비도 유지되고 기업 매출도 유지되기 때문에 고용도 유지되는 선순환이 반복되므로, 안정적으로 물가를 잡은 뒤에 금리를 다시 낮추면 그만이니 전혀 문제될 게 없다. 이게 가장 좋은 시나리오인 연착륙이다. 미국 연방공개시장위원회(FOMC)에서 기준 금리를 올리면서 실업률과 평균임금 등 고용과 관련된 지표를 주요 판단 지표로 삼는 게 바로 이 때문이다.

하지만 경기가 나쁠 때 금리를 인상하면 경기 침체를 유발할 수 있다. 가계는 주택 담보 대출 부담으로 소비를 줄이고, 기업은 운용 자금(부채) 부담으로 투자와 고용을 축소한다. 기업의 투자 및 고용 축소는 다시 근로자의 임금 감소로 연결되며, 경기는 더 나빠지는 악순환이 시작된다. 이게 바로 경착륙이다.

그런데 정말 최악은 따로 있다. 정부가 뼈를 깎아 내는 심정으로 물가를 잡기 위해 금리를 올렸는데, 경기는 침체되고 물가마저 못 잡는 스태그플레이션이 바로 그 최악의 상황이다. 다행히 미국을 비롯한 우리나라의 물가는 어느 정도 잡히는 모양새다. 하지만 미국은 2023년도 금리 상단을 5%대로 잡고 있고, 우리나라도 미국을 따라 기준 금리를 계속해서 올리고 있다. 2023년 3월 23일 미국 연방공개시장위원회 두 번째 회의에서 미국은 기준 금리를 25bp 인상했고, 앞으로도 몇 번 더 올릴 것이라고 발표했다. 이에 한국은행도 따라서 올리지 않을까 예상한다.

미국의 기준 금리

　미국의 기준 금리는 연방준비제도(FED)의 회의체인 미국 연방 공개시장위원회(FOMC)에서 정한다.

　2023년 FOMC는 총 8차례에 걸쳐서 진행되며, 금리는 25bp(베이비 스텝), 50bp(빅 스텝), 75bp(자이언트 스텝), 100bp(울트라 스텝) 등 25bp(베이시스 포인트) 단위로 올리거나 내린다. 미국의 기준 금리 조정은 전 세계에 미치는 파급 효과가 크기 때문에 일반적으로 가장 낮은 단위인 25bp씩 조정하는 게 일반적이다.

　자이언트 스텝을 4차례 연속한 2022년은 미국 역사를 통틀어도 유례없는 일이었다. 미국 FOMC의 금리 결정은 다수결에 따른다. FOMC에 참여한 위원 전원이 금리 점도표를 찍고, 그중 투표권을 가진 12명의 위원(VOTER)들의 의사 결정에 따라 최종적으로 미국의 기준 금리가 결정된다.

　투표권은 파월을 포함한 7명의 연방준비제도 이사(Board of Governors)와 5명의 연방 은행 총재가 가지고 있다. 연방 은행 총재의 경우 돌아가면서 투표권을 가지게 되는데, 2023년에는 2022년에 투표권이 없었던 뉴욕, 시카고, 필라델피아, 댈러스, 미니애폴리스 연방은행 총재가 투표권을 가진다.

　미국의 기준 금리가 우리나라와 무슨 상관이냐고 생각할 수도

있지만, 미국의 금리 인상이 우리나라에 미치는 영향은 어마어마
하다 못해 거대하다.

한국과 미국의 금리 역전의 의미

금리는 '돈의 가격'이다. 금리가 오른다는 말은 '돈의 가격'이 올
라서 그만큼 돈을 빌리는데 지불해야 되는 이자가 늘어나는 것을
뜻한다. 개발 도상국의 금리가 높고 경제적으로 성숙한 선진국의
금리가 낮은 이유도 돈의 가격이 서로 다르기 때문이다. 개발 도상
국의 경우 돈을 구해서 공장을 짓고 사업을 벌이면 더 큰 돈을 벌
수 있으니 상대적으로 돈이 비싸며 금리도 높다.

tvN 드라마 〈응답하라 1988〉에서 한일은행에 다니는 성동
일 씨가 "금리가 떨어져서 15%밖에 안 된다."라고 말했던 것처
럼 우리나라도 고도성장을 했던 1980~1990년대에는 금리가
15~20% 정도로 높았다. 현재 높은 경제 성장률을 기록하며 성장
중인 베트남의 예금 금리(7~8%)만 봐도 쉽게 이해할 수 있다.

금리를 다른 말로는 '이자율'이라 부른다. 일반적으로 은행 적금
을 들 때는 금리가 높은 곳에 돈을 맡긴다. 금리가 높다는 건 그만
큼 돈의 가치를 더 후하게 쳐준다는 뜻이니 이자율이 높은 곳에서
적금을 드는 건 지극히 당연한 일이다. 그런데 이건 외국인 및 기

· 응답하라 1988 ·

금리가 조금 떨어져 갖고 한 15%밖엔 안 되지만,
그래도 따박따박 이자 나오고, 은행만큼 안전한 곳이 없제!

출처: tvN

관 투자자 또한 마찬가지다. 이들은 조금이라도 더 금리가 높은 곳
으로 투자금을 옮긴다. 따라서 한국과 미국의 금리가 역전되면 한
국에 있던 투자금이 미국으로 옮겨 가게 된다.

분단국가라는 지정학적 리스크가 있음에도 불구하고 한국에 투
자했던 건 한국이 미국보다 금리가 높고 투자 수익률이 높다고 판
단했기 때문인데, 오히려 미국의 금리가 더 높아지면 안전 자산인
미국 달러에 투자하는 것이 어찌 보면 당연한 일이다.

이런 현상은 비단 우리나라만의 문제가 아니다. 미국의 금리인
상에 발맞춰 자국의 금리를 올릴 수 있다면 문제될 것이 없겠지만,
고용과 경기가 뒷받침되는 미국과 달리 다른 나라는 금리 인상으

로 인해 경기 침체의 피해를 볼 수 있다. 그래서 쉽사리 미국과의 금리 차이를 좁히지 못하는 게 현실이다. 미국과의 금리 차이 때문에 환율이 급등하는 킹달러 현상이 발생하게 되는 것이다.

킹달러 현상이 신흥국 경제에 미치는 영향은 치명적이다. 신흥국의 자본이 미국으로 유출되고, 수입 의존도가 높은 신흥국은 강달러로 인한 피해가 눈덩이처럼 불어난다. 쉽게 말해 예전에는 1달러짜리 칫솔 하나를 1천 원이면 샀는데, 지금은 같은 1달러짜리 칫솔 하나를 사려면 1,400원이 필요하게 됐다. 자국 내에서 칫솔을 만들지 못하고 수입해서 쓸 수밖에 없는 신흥국은 고환율로 인해 경제가 휘청일 수밖에 없다.

미국에 대한 무역 의존도가 높은 우리나라 또한 마찬가지이기 때문에 한국은행은 미국과의 금리를 최대한 좁히고자 기준 금리를 인상했고, 2022년 7월에는 한국은행 역사상 최초로 빅스텝(50bp 인상)까지 단행했다.

한국은행의 기준 금리 정책과 주택 담보 대출 금리

미국이 연방공개시장위원회를 통해 기준 금리를 정한다면, 우리나라는 한국은행의 금융통화위원회를 통해 금리를 정한다. 은행의 은행이라 불리는 한국은행은 통화 정책이라는 이름으로 금리를 조

· RP 구조 ·

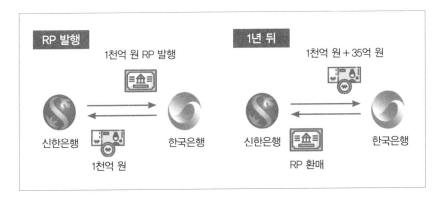

정해 경제를 이끌어 나가는데, 기준 금리의 메커니즘을 간략하게 설명하면 다음과 같다.

시중의 금융 기관이 한국은행에서 돈을 차입할 때 환매 조건부 증권(RP)을 발행한다. 환매 조건부 증권이란 말 그대로 다시 매수할 것을 조건으로 하는 증권이다. 시중 금융 기관은 환매 조건부 증권을 발행해서 한국은행에 판매하고, 한국은행은 매입한 환매 조건부 증권에 대한 대가로 금융 기관에 돈을 준다.

가령 신한은행이 1천억 원을 마련할 때 한국은행에 가액 1천억 원의 환매 조건부 증권을 발행하고, 한국은행은 기준 금리 3.5%를 적용해 1천억 원을 빌려준 다음 1년 뒤 1천억 원+35억 원(이자)으로 돌려받는다. 신한은행은 이렇게 돈을 마련해 기업 및 개인에게 대출해 주고 이익을 남긴다.

문제는 기준 금리의 인상 폭보다 서민 경제와 직결된 주택 담보 대출의 금리 인상 폭이 훨씬 더 높다는 점이다. 주택 담보 대출의 금리는 기준 금리가 아닌 코픽스(COFIX)를 통해 정해진다. '코픽스'란 'Cost Of Fund Index'의 약어로 은행이 자금을 조달할 때 드는 비용을 지수화한 것이다. 시중 은행도 대출을 해 주려면 '돈'을 어디선가 끌어와야 한다. 시중 은행도 돈을 찍어 내는 게 아니기 때문에 당연히 돈을 조달해야 하고 이 과정에서 비용이 발생한다. 일반 고객들의 예금과 적금, 상호 부금, 주택 부금, 금융채 발행, CD 발행 등 다양한 수단으로 돈을 끌어모으는데, 이때 발생하는 비용이 바로 코픽스다.

코픽스는 신규 취급액 기준과 잔액 기준 두 가지가 있다. 신규 취급액은 은행이 새로 자금을 조달할 때 드는 이자율을 뜻하고, 잔액은 기존 대출의 조달 금리를 말한다. 그래서 금리가 오르는 시점에 신규로 주택 담보 대출을 받을 경우 신규 취급액 기준 코픽스가 적용되어 금리가 높게 책정되고, 기존 주택 담보 대출을 받은 사람의 경우 금리 변동 시에는 잔액 기준이 적용되어 상대적으로 오름 폭이 낮다.

시중 은행이 개인에게 주택 담보 대출을 실행할 때, 코픽스에 가산 금리를 더해 대출 금리를 결정한다. 가산 금리는 기준 금리에 리스크 관리 비용, 은행의 마진, 영업점의 조정을 통해 최종 결정되는데, 가산 금리 책정시 가장 중요한 요소는 고객의 신용이다. 은행에서는 이를 리스크로 표현하는데, 개인의 신용도가 높으면 상대적으로 대출 부실 리스크가 낮아져 은행은 낮은 가산 금리를 책정한다. 다만, 동일한 신용도를 가진 사람에게 은행은 저마다 다른 가산 금리를 제시하는데, 많게는 1.5~2%p까지 차이가 난다. 가령 A 은행에서 제시한 주택 담보 대출 금리는 6%지만 B은행에선 7.5% 넘게 올라갈 수도 있다. 이는 은행마다 가산 금리를 정하는 메커니즘이 다르고, 당해년도 은행의 정책에 따라 금리가 바뀌기 때문이다. 예를 들어 A 은행이 중금리 대출 부분의 경쟁력을 제고하기 위해 고신용자보다는 신용도가 상대적으로 낮은 계층에 우대 금리를 적용하고, 고신용자에게는 일반 금리를 적용하는 식의 정책을 펼칠 경우 금리 차이가 날 수밖에 없다. 따라서 주택 담보 대출을 받는다면 주거래 은행뿐만 아니라 다른 은행도 방문해 상담을 받아 보는 편이 유리하다.

금리가 오르는데 채권 가격이 떨어지는 이유

국채는 국가가 발행하는 채권이다. 국가에 채권을 담보로 약정된 기간 동안 돈을 맡기고 약정된 금리만큼 이자를 받는 건데, 일견 '금리가 오르면 채권 금리도 오르니 가격이 올라가는 게 아닌가?'라고 생각할 수 있다.

하지만 생각과는 다르게 금리와 국채 가격은 역의 상관관계로 금리가 오르면 국채 가격은 떨어진다. 그 이유는 우리가 거래하는 국채는 기존에 발행됐던 채권으로 시장에서 거래되기 때문이다. 채권의 금리가 오르면 신규로 발행된 채권(높은 금리 약정)이 더 선호되며, 과거 낮은 금리로 발행된 채권의 인기는 떨어진다. 가령 신규 발행된 채권의 약정 금리는 5%고, 과거 발행된 채권의 약정 금리는 3%라면 당연히 과거 발행된 A 채권의 수요는 감소하고, 가격은 떨어진다. 쉽게 말해 수요·공급의 논리가 채권 시장에도 적용되는 것이다. 반대로 경기 호황으로 금리가 하락해서 1%대로 낮아지게 된다면 기존에 발행됐던 A 채권(약정 금리 3%)은 매력적인 상품으로 바뀌게 된다. 채권의 약정 금리와 액면가는 그대로지만 기준금리 하락으로 인해 채권의 가치가 올라가게 된다. 그래서 채권의 액면가가 1만 원인 A 채권을 10,200원을 주고서라도 구매하려고 하는 것이고 당연히 채권의 가격은 올라간다.

미국의 대표적인 국채 ETF인 TLT(2020~2030년물)의 가격을 보면 2021년 11월을 기점으로 내리 빠졌다. 가격 변동성이 적은 국채임에도 불구하고 1주당 가격이 150달러에서 99달러까지 줄기차게 빠졌다. 유례없는 초유의 금리 인상으로 미국의 기준 금리는

2022년 1월부터 2023년 3월까지 1년이 넘는 기간 동안 450bp가 올랐고, 그 덕분에(?) 초우량 자산이라 불리는 미국의 국채는 폭락했다. 참고로 미국의 기준 금리 인상은 2022년 1월부터 시작됐지만, 국채 가격 하락은 2021년 11월부터 발생했다. 그 이유는 국채 거래에도 선반영의 마법이 통하기 때문이다. 그러니 국채에 투자할 요량이라면 금리를 동결하거나 인하하기 전에 미리 진입하는 게 좋다.

그리고 미국 국채 투자를 고려할 때는 반드시 환율을 염두에 둬야 한다. 속된 말로 앞으로 벌어도 뒤로 까먹을 수 있기 때문이다. 미국 ETF에 투자하려면 환전을 해야 하는데, 금리 인상으로 인해 미국 국채 금리가 하락한 지금의 환율은 역대 최고치다. 예를 들어 1달러당 1,300원에 환전해서 1만 달러(1,300만 원)를 미국 국채에 투자해 1년 뒤 10%의 수익을 거뒀다고 가정해 보자. 수익은 1천 달러다. 하지만 미국 국채가 올랐다는 말은 금리가 떨어졌다는 말이고 환율 또한 하락했을 확률이 높다. 만약 1년 뒤 환율이 1,100원까지 떨어졌다면, 투자 원금에 수익금까지 총 11,000달러를 환전하면 내 수중에 들어오는 원화는 1,210만 원으로 10%의 수익에도 불구하고 90만 원의 손해를 보게 된다.

미국 국채를 사려고 하면(미국 국채가 하락한 때) 달러가 최고점이기 때문에 환전할 때 손해를 보고, 반대로 미국 국채 가격이 상승해서 팔려고 하면 달러가 최저점이기 때문에 또 환전할 때 손해를 본다. 따라서 미리 환전을 해 두거나, 금리 인하 직전 선진입해 투자 수익을 높이는 방법을 통해 수익률을 극대화하는 등의 방법을 고안한 후 투자에 나서야 한다.

05

증여세 한 푼 안 내고
20억 아파트를 증여하는
강남 부자들

증여세는 세금 관련 내용이지만, 기술적인 측면보다 자산 증식과 관련이 깊기 때문에 'Part 4. 세금'에서 다루지 않고 'Part 1. 돈'에서 다루고자 한다.

과거 강남의 테북(테헤란로 북쪽, 압구정 등) 부자는 자녀에게 옥수동 재개발 부지를 헐값에 증여했고, 테남(테헤란로 남쪽, 대치 등) 부자는 개포동 부지를 증여했다고 한다. 지금의 옥수동이나 개포동은 신축 아파트가 줄지어 들어선 부촌 중 하나지만, 과거 개발되기 전 옥수동은 판자촌이 밀집된 서울의 대표적인 달동네 중 하나였고, 개포동 역시 아직까지 남아 있는 구룡마을(강남 빈민촌)만 보더라도 알 수 있듯이 대표적인 강남 빈민촌이었다.

하지만 지금은 두 지역 모두 정비 사업을 통해 대표적인 부촌으로 거듭났다. 그렇게 강남 부자들이 자녀에게 증여한 헐값의 땅은 금싸라기가 되었고, 현재는 국평 기준 15~20억 원이 훌쩍 넘는 아파트가 되었다. 만약 당시 대지 지분 30평 규모의 재개발 부지를 증여했다면 증여세 몇 푼 내지 않고 30~40억 원이나 되는 옥수, 개포의 아파트를 증여하게 되는 셈이다(국평 아파트 2채 가격).

1,764만 원 아끼는 증여의 기술

우리는 강남 부자가 아니라 그렇게 할 수 없다고 생각하는가?

우선 매달 아이에게 들어오는 돈! 그 돈을 코 묻은 돈이라고 얕봤다간 큰코다친다. 2023년부터는 부모 급여가 신설되어 만 1세까지 매달 70만 원씩 지원되고(2024년에는 100만 원), 출산 장려금으로 지급되는 200만 원의 바우처 혜택도 쏠쏠하다. 거기에 초등학교 입학 때까지(만 7세까지) 아동 수당으로 7년간 매월 10만 원씩 총 840만 원이 지원된다. 만약 회사별 복지 혜택으로 자녀 육아비나 교육비 지원까지 포함되면 얕볼 수 있는 수준을 넘어선다. 이렇게 아이에게 지원되는 돈만 증여해 줘도 나중에 아이가 사회생활을 시작할 때 시드 머니로 충분히 활용할 수 있다. 나 또한 국가에서 지원되는 수당과 부모님들께서 주신 용돈(장난감 사라고 주셨지만 주식을 사줬다)을 모아 증여해 주고 있는데, 아래에서 설명할 증여세 비과세 한도를 잘 활용한다면 무려 1,764만 원을 아낄 수 있다.

미성년자의 증여세 비과세 한도는 10년간 2천만 원이다. 성년이 된 이후에는 5천만 원으로 증액되는데, 직계 비속 비과세 한도를 활용해 여유가 있는 가정에서는 만 31세가 된 자녀에게 비과세로 1억 4천만 원까지 증여한다.

태어나자마자 1세 때 2천만 원을 증여하고, 10년 뒤인 11세 때 추가로 2천만 원을 증여하면, 성년이 되기 직전 미성년 자녀에게 비과세 한도를 채워서 4천만 원까지 증여할 수 있다. 그리고 10년 뒤 성년이 된 21세의 자녀에게 5천만 원을 증여하고, 또다시 10년 뒤 5천만 원을 증여하면 31세가 된 자녀에게 비과세로 1억 4천만 원을 증여세 한 푼 내지 않고 증여할 수 있다.

참고로 증여세 세율은 1억 원 이하의 경우 10%가 적용되고, 1~5억 원의 경우는 무려 20%로 상당히 높은 편이다. 만약 비과세 없이 다른 사람에게 1억 4천만 원을 증여하면 증여세만 1,746만 원을 내야 한다. 결코 무시할 수 있는 수준의 세금이 아니다.

현금 증여 후 주식 & 부동산 매수

누차 이야기했지만, 시간이 지날수록 화폐 가치는 하락한다. 따라서 자녀가 31세가 될 때까지 현금을 증여하고, 예금 이자만 받는다면 오히려 증여하느니만 못한 불상사가 발생한다. 그래서 돈을 조금이라도 아는 사람은 현금 증여 이후 주식이나 부동산을 매수해 화폐 가치의 하락을 헤지한다.

만약 증여 이후 주식이나 부동산을 사고, 이후 시세가 상승해서 평가액이 오르면 어떻게 될까? 가령 삼성전자 주식을 5만 원일 때 400주(평가액 2천만 원)가량 샀는데, 주가가 올라 10만 원이 된다면 평가액은 4,000만 원으로 불어난다. 그럼 늘어난 2,000만 원에 대해 추가로 증여세를 내야 할까?

원칙적으로 자녀에게 증여된 주식의 가치 상승으로 인한 재산 증식은 오롯이 자녀의 것으로 본다. 즉, 삼성전자가 10만 원이 되어서 자산 가치가 2,000만 원이 올랐다고 하더라도 이미 증여한 자녀의 재산 가치 상승이므로 추가적인 증여세는 없다. 다만, 자녀에게 주식을 증여한 이후 자녀의 증권 계좌로 주식을 수시로 사고팔아 매매 차익으로 재산이 증식된 경우 이는 부모의 기여에 의한 증식이므로 증여세가 과세될 여지가 있다. 우리나라의 증여세법은 포괄주의를 인정하고 있기 때문에 법문에 열거된 내용이 아니더라도 증여로 판단되는 재산에 대해서는 증여세 부과가 가능하기 때문이다.

쉽게 말해 통상적인 가치 상승이 아니라 부모의 가치 상승 기여

분이 크다면 과세의 여지가 있다는 것이다. 하지만 단순히 몇 달 혹은 몇 년에 한 번씩 리밸런싱하는 정도라면 증여세가 과세되지 않는다. 이와 유사한 사례에서 과세 당국의 완전 포괄주의에 따른 자의적 해석은 부당하다는 판례도 있다.

그리고 자녀에게 현금 증여 후 주식을 매수할 땐, 개별 종목에 대한 투자보다는 지수를 추종하는 ETF를 적금식으로 적립하는 게 가장 현명하다. 국장(코스피)을 못 믿겠다면 S&P500을 추종하는 SPY나 나스닥을 추종하는 QQQ, 혹은 필라델피아 반도체 지수를 추종하는 SOXX를 사 모은다면, 통계적으로 예·적금의 수익률을 훨씬 상회하는 수익을 거둘 것이다.

그리고 주식의 변동성 리스크가 부담스럽다면 부동산 매수도 한 방법이다. 앞서 이야기한 옥수동과 개포동이 대표적인 예다. 그리고 이러한 방법은 지금도 가능하다. 자녀에게 현금 증여 후 재개발 가능성이 높은 지역의 연립 주택을 갭으로 매수한다면 추후 20~30년 뒤 자녀가 성장했을 때 그 시세 차익을 가져갈 수 있다. 물론 과거와 달리 다주택자에 대한 규제 강화로 세대원(자녀)의 주택 소유는 부모의 주택 수에 산입되기 때문에 취득세 및 양도세 중과 등의 불이익이 있겠지만, 시세 차익이 크다면 충분히 고려해 볼 만한 옵션 중 하나다.

셀프 증여세 신고

비과세 한도 범위 안에서 증여함에 따라 증여세가 '0원'이라고 하더라도 반드시 증여 이후 3개월 이내에 증여세를 신고해야 한다. 증여세 신고는 홈택스에서 셀프로 간단하게 할 수 있다. 다만 현금 증여는 비교적 쉬운 반면 증여 재산이 주식이라면 조금 복잡해진다. 유가 증권 구분에서 '주식'을 선택하고, 단가는 2개월 치의 종가 평균과 수량을 기입해야 된다. 따라서 주식을 증여할 때는 아이 명의의 증권 계좌에 현금 이체(증여) 후 증여세 신고를 하고 난 뒤 주식을 매수하는 게 가장 쉬운 증여 방법이다.

증여 전에 자녀의 증권 계좌를 먼저 개설하는 게 좋다. 게다가 증여세 신고를 위해서는 미성년 자녀의 계좌(공인 인증서)가 필요하기 때문에 증권 계좌를 개설하면서 자녀 명의의 공인 인증서를 같이 발급받는 게 좋다. 다만, 미성년 자녀 명의의 증권 계좌는 비대면 발급이 안 되기 때문에 증권사에 방문하여 부모가 직접 개설해야 한다. 준비 서류는 부모의 신분증, 가족 관계 증명서(상세), 자녀 기본 증명서(상세), 아기 도장(혹은 부모 도장)이 필요하며, 증권사별로 주민등록 초본을 요구하는 곳도 있으니 방문 전에 반드시 확인해 봐야 한다.

매월 용돈을 조금씩 이체한 경우 이체 때마다 건건이 증여세 신고를 할 필요는 없다. 아이의 계좌에 있는 잔액을 전부 다 부모 통장으로 이체한 후 비과세 한도인 2천만 원에 맞춰 부모가 아이 계좌로 이체해 주고, 이체 내역을 신고하면 된다.

06 정부 지원 사업

✳

국민을 지원하기 위해 정부에서 벌이는 정책적 지원 사업은 생각보다 많다. 2023년 정부 전체 예산 639조 원 가운데 무려 17.1%인 109조 원이 보건복지부 예산이다. 비단 보건복지부뿐만 아니라 지자체별로 벌이는 지원 사업까지 감안하면 그 규모가 상당하다. 그중에 청년을 대상으로 지원하는 사업도 많다. 하지만 모든 정책이 그러하듯 청년 지원 사업 또한 보편적 복지가 아니기 때문에 스스로 챙기지 않으면 아무도 떠먹여 주지 않는다. 따라서 매년 정기적으로 시행하는 정부 지원 사업을 스스로 챙겨야 혜택을 놓치지 않고 수혜를 받을 수 있다.

중위 소득

　먼저, 정부 지원 사업의 기준이 되는 중위 소득부터 알아보자. 중위 소득이란 보건복지부 장관이 매년 발표하는 소득 지표로 대한민국에 있는 모든 가구를 소득 순서대로 줄을 세웠을 때 정확히 중간에 있는 가구의 소득을 뜻한다. 중위 소득은 각종 복지 사업의 기준으로 활용되는데, 현재 정부 12개 부처와 73개 복지 사업의 수급자 선정 기준으로서의 역할을 하고 있다.

• 2023년 기준 중위 소득 표 •

가구원 수	1인	2인	3인	4인	5인	6인
중위 소득 (100%)	207만 7,892원	345만 6,155원	443만 4,816원	540만 964원	633만 688원	722만 7,981원

　가구마다 인원수가 다르기 때문에 인원수별로 중위 소득이 정해진다. 가령 1인 가구의 중위 소득 100%는 약 208만 원이고, 2인 가구는 약 346만 원, 3인 가구는 약 444만 원이다. 이 인원수는 주민 등록 등본상 가구원 수로 가족과 떨어져 살더라도 주민 등록 등본상 거주지가 본가로 되어 있다면 가족의 소득이 합산되어 계산된다. 따라서 필요시 전출 신고를 통해 세대를 분리하는 것도 고려

해 볼 만하다.

청년 도약 계좌

　청년 도약 계좌란 청년의 자산 형성 및 자립을 지원하는 윤석열 정부의 대표적인 전국구 청년 지원 사업으로 매월 최대 70만 원씩 5년간 납입하면 정부에서 매칭해 5천만 원의 목돈을 만들어 주는 적금 상품이다. 비과세 혜택은 물론이고, 연 소득이 낮을수록 정부 매칭 지원금이 늘어나는 구조다. 게다가 연봉 2,400만 원 이하의 경우 기존 금리에 우대 금리까지 더해져 혜택이 커지므로 소득이 낮을수록 무조건 가입해야 하는 정부 지원 사업이다.

　당연히 큰 규모의 지원 사업인 만큼 청년 도약 계좌에는 조건이 있다. 먼저 나이 조건으로 만 19~34세 이하의 청년만 가능하며, 만약 병역을 이행했다면 그 기간만큼 더 추가된다. 가령 육군으로 병장 만기 제대했다면 2년이 추가되어 만 36세까지 가입이 가능하다.

　두 번째는 소득 조건으로 청년 도약 계좌는 본인의 소득뿐만 아니라 가족의 소득까지 합산하여 허들을 두고 있다. 다만, 이번 정부의 경우 청년 자립을 확대하기 위해 소득 조건을 상당히 완화했다. 본인의 소득 기준은 세전 연봉 7,500만 원(성과급, 상여금, 복지 비용 등 본인이 수령한 전체 소득) 이하일 경우 가입할 수 있다.

가족 소득이 합산되는 중위 소득의 경우 180%가 기준으로 상위 20% 고소득 가구를 제외한 80%가 해당된다. 만약 1인 가구라면 중위 소득 100%가 월 약 208만 원이니 180%면 374만 원으로 지원 범위가 넓은 편이다. 단, 소득이 전혀 없는 경우라면 가입이 불가능하다. 청년 도약 계좌의 취지 자체가 경제 활동을 하는 청년의 자립을 도와주는 사업이고, 본인 납입금을 부담할 수 있는 소득이 필요하기 때문이다.

국민 취업 지원 제도

국민 취업 지원 제도는 2021년 1월부터 시행된 제도로 만 15~64세 구직자에게 월 50만 원씩 최대 6개월간 총 300만 원을 지원해 주는 제도다. 국민 취업 지원 제도의 경우 청년뿐만 아니라 중장년층도 혜택을 볼 수 있는 제도지만, 중장년층의 경우 요건이 까다롭기 때문에 여기에서는 청년에게 해당하는 '1유형(선발형)'에 대해서만 살펴보고자 한다.

국민 취업 지원 제도 1유형(선발형)의 요건은 청년(만 18~34세)이면서, 주민 등록상 가족의 중위 소득 기준이 120% 이하이고, 재산은 4억 원 이하여야 한다. 앞서 살펴본 청년 도약 계좌와 비교하면 상당히 까다롭다. 그나마 예전에 있던 취업 경험(과거 2년 이내 100일 또는 800시간의 취업 경험) 요건이 없어지면서 지금은 재산, 소득 요건만 충족되면 지원이 가능하지만, 중위 소득 기준이 까다로운 건 부인할 수 없는 사실이다.

중위 소득 기준이 120% 이하이므로, 1인 가구라면 월 소득이 약 250만 원 이하일 경우에만 지원이 가능하다. 그리고 재산 요건으로 가족이 소유하고 있는 재산(자동차, 부동산 등)의 합이 4억 원 이하여야 한다. 부동산은 국토부의 공시 가격이 기준이며, 차량 가격은 보험개발원의 차량 기준 가액에 따른다.

게다가 국민 취업 지원 제도는 조건만 충족한다고 해서 매월 구직 촉진 수당(생활 지원비) 300만 원을 지원하지 않는다. 구직 촉진 수당을 받으려면 구직 활동을 성실이 이행해야 하며, 총 6회에 걸친 허들을 통과해야만 매월 50만 원씩 총 6차례의 지원금을 받을 수 있다.

1회차 50만 원은 취업 활동 계획을 수립해야 지급되고(수립 완료하면 바로 지급), 2회차부터는 취업 활동 계획 이행 보고서를 등록해야 구직 촉진 수당을 받을 수 있다. 특히, 취업 활동 계획 수립은 취업 담당관과 3차례의 대면 면담을 통과해야 하므로 사실상 가장 까다로운 단계로 볼 수 있다.

세부적인 절차는 다음과 같다. 먼저 국민 취업 지원 제도 1유형을 온라인(워크넷)으로 신청하게 되면 관할 고용 센터에서 유선 안내가 오고, 위탁 기관 담당자와 통화해서 대면 면담 일정을 잡게 된다. 그리고 세 차례의 대면 면담 이후 활동 계획을 수립해야 한다. 2회차부터는 온라인으로 신청하면 되는데, 구직 활동 증명은 직업 훈련에 참여하거나 취업 특강에 참여하는 등의 내용을 폭넓게 인정해 주기 때문에 그리 어렵진 않다.

청년 월세 지원

청년 월세 지원은 지자체마다 지원 규모나 시기가 다른데, 서울시는 조건을 충족할 경우 월 20만 원의 월세를 지원해 준다. 최대 10개월간 지원되니 총 200만 원의 월세 지원금을 받을 수 있는데, 아래 내용을 참고해 조건이 맞는다면 기간에 맞춰 신청하길 바란다.

월세 지원 조건은 총 4가지다. ① 서울시에 거주하는 만 19~39세 미만의 청년이면서, ② 보증금 5천만 원 이하 월세 60만 원 이하이며, ③ 무주택자이면서, ④ 중위 소득이 150% 이하인 경우 지원된다.

특이 사항은 조건 중에 보증금 5천만 원 이하이면서 월세가 60만 원 이하여야 하는데, 만약 월세액이 60만 원을 초과하더라도 보증금 환산액과 월세액을 합산하여 70만 원 이하일 경우에도 신청이 가능하다. 보증금을 월세로 환산할 때 환산율은 2.5%가 적용되는데, '[(보증금×2.5%/12) + 월세] 〈 70만 원'이라면 신청이 가능하다. 가령 보증금이 4천만 원이고, 월세가 62만 원일 경우 합산액이 딱 70만 원 나온다. 이 경우에는 신청이 가능하다. 다만, 보증금이 5천만 원을 초과할 경우 월세가 60만 원 이하라도 신청할 수 없다.

그리고 임차 건물 소재지에 전입 신고(주민 등록 이전)가 되어 있어야 하며, 임대차 계약서 작성을 본인 스스로 해야만 월세 지원을 받을 수 있다. 보통 사회 초년생이나 학생의 경우 부모님이 임대차 계약을 대신해 주는 경우가 많기 때문에 이 부분에 대해서 이견이 많은데, 서울시에 확인한 결과 타인의 명의로 계약서를 작성한 경우에는 불가능하다고 한다. 그리고 동거인의 경우 1명만 신청이 가능하지만(임대차 계약서 작성자), 셰어하우스처럼 임대 사업자가 개별 임대차 계약을 체결한 경우라면 동거인도 신청이 가능하다.

고향 사랑 기부제

고향 사랑 기부제는 말 그대로 고향 사랑과 기부를 동시에 하는 사업으로 기부자가 희망 지자체(시군구)에 기부하고 기부 금액의 30%에 해당하는 답례품을 받으며, 기부금은 지역 주민과 공동체에 환원되는 사업을 말한다. 기부를 하지만 기부자에게도 혜택이 돌아가는 셈이다. 거기에 10만 원까지는 100% 세액 공제를 해주기 때문에 10만 원을 기부하면 무조건 이득(3만 원 답례품 제공)인 정부 사업이다. 최근 각 지자체별로 이 사업과 관련해 홍보에 열을 올리고 있는데, 이름은 고향 사랑이지만 사실 본인의 본관이나 고향이 아니더라도 어디든 기부할 수 있고, 기부 이후 받은 포인트로 해당 지자체의 답례품을 구매할 수 있다. 그래서 좋은 답례품을 제공하는 지자체로 기부금이 쏠리는 현상이 발생하기도 한다.

고향 사랑 기부제에는 몇 가지 체크 포인트가 있다. 먼저 기부 한도는 최대 500만 원이고, 10만 원까지는 100% 세액 공제가 되지만, 10만 원을 초과할 경우는 16.5%만 공제된다. 가령 최대 한도인 500만 원을 기부할 경우 세액 공제를 받는 금액은 908,500원이다[10만 원+(490만 원×16.5%)]. 그리고 세액 공제는 지자체별 기부액이 아니라 당해 연도 전체 기부 금액이 기준이다. 가령 춘천시에 10만 원, 보령시에 10만 원, 포항시에 10만 원을 기부할 경우 각 지자체별로 모두 세액 공제를 적용받는 게 아니라 총액인 30만 원에 대한 세액 공제(133,000원)를 받을 수 있다.

답례품의 경우 기부액의 30%를 포인트로 지급받는데, 한도에 관계없이 30%까지 지급된다. 500만 원을 기부할 경우 150만 포인트가 지급되며, 해당 포인트로 '고향 사랑 e음 사이트(정부 사이트)'에서 해당 지역의 답례품을 구매할 수 있다. 포인트의 경우 다른 지자체 답례품은 구매할 수 없고 기부한 지자체의 답례품만 구매할 수 있다. 다른 지자체의 포인트가 합산되지 않기 때문에 만약 비싼 답례품을 구매할 계획이라면 해당 지역에만 기부하는 것이 유리하다.

그리고 생각보다 답례품의 종류 및 가격도 다양하다. 가령 춘천시의 고향 사랑 기부제 답례품의 경우 총 57개의 상품으로 구성되어 있는데, 강원 한우 불고기 세트부터 갈비 세트, 메주, 꿀, 비누, 들기름 등 다양하다. 보통 답례품은 지역 특산물이나 지역에서 생산되는 물건들로 구성되는데, 축산물이나 농수산물뿐만 아니라 가공식품도 있어 선택의 폭이 넓은 편이다.

또한 일부 지역의 경우 지역 화폐로 제공되기도 한다. 지역 화폐는 사실상 그 지역에서는 돈이나 다름없기 때문에 부모님이나 친지들이 지방에 살고 있고, 해당 지역 답례품을 지역 화폐로 구매할 수 있다면 이런 곳에 기부하는 게 좋다. 대표적으로 영월, 과천, 울진, 안산, 부산, 하남, 세종, 화성, 군포, 동두천, 이천, 고양 등 다양한 지자체에서 포인트로 지역 화폐 구매가 가능하다.

게다가 기부는 PC나 모바일에서 간단하게 할 수 있고, 심지어 카드나 계좌 이체로도 가능하다. 또한 기부를 하고 나면 자동으로 포인트가 지급되고 기부 내역은 자동으로 전산에 기록되며 근로소득자의 경우 자동 반영되어 국세청에 등록되므로 연말 정산이 된다. 단, 사업자의 경우 사이트에서 기부 내역을 발급받아 본인이 직접 종합 소득세 신고 시 기부금 공제를 받아야 한다.

10만 원까지는 100% 세액 공제되므로 사실상 내 돈 한 푼 들이지 않고 기부를 할 수 있으며, 거기에 3만 원 상당의 답례품까지 받을 수 있으니 이번 기회에 꼭 챙겼으면 한다.

보조금 24

아마 길을 가다가 채권 추심 광고를 한 번쯤은 본 적이 있을 것이다. 전봇대에 붙은 '떼인 돈 받아 드립니다'라는 불량 채권 추심처럼 정부에서도 이와 비슷하게 내가 혹은 가족이 못 받은 지원금을 찾아 주는 사업을 시행하고 있다. 특히 코로나 등으로 인해 수많은 지원금이 뿌려졌고, 그 외 복지 혜택이 늘어나면서 시행된 사업이 많은데, 모르고 지나쳤던 지원금이 있다면 꼭 확인해 보길 바란다.

2022년 말부터 시작된 보조금 찾아 주기 서비스는 '정부 24' 사이트 내 '보조금 24'에서 운영되고 있다. 사이트에 접속해서 '로그인하고 내 보조금 찾기'에 들어가서 간편 로그인(카톡 등) 후 본인이 받을 수 있는 보조금을 확인할 수 있다. 가족을 등록하면 가족이 받을 수 있는 정부 지원 보조금도 확인이 된다.

특히 가족 관계 등록부상 분리된 세대라고 하더라도 누락된 지원금을 확인할 수 있다. 그간 대부분의 정부 사업은 주민 등록 등본상 거주자에게만 지원하는 등 허들을 뒀는데, 보조금 24는 이 부분을 배려해 줬다. 실제로 지방의 경우 지자체별로 지원 사업이 다 다른데다 신청하지 않으면 놓치는 경우가 많다. 그래서 특히 시골에 계신 부모님들이 모르고 지나치는 경우가 다반사인데 이번에 시행된 보조금 24를 통해 놓치지 않길 바란다.

부의
지식
사전

알뜰 교통 카드

대중교통으로 등하교하는 대학생이나 출퇴근하는 직장인이라면 꼭 챙겨야 할 카드가 있다! 바로 알뜰 교통 카드. 매월 15회 이상 대중 교통을 이용한다면 적게는 11,000원에서 많게는 19,800원까지 마일리지를 적립해 주며, 추가로 카드사별로 10~20%가량 교통비 할인까지 적립해 준다.

마일리지 적립을 위해선 집에서 출발할 때 앱으로 '출발' 버튼을 클릭하고, 목적지에 도착해서 '도착' 버튼을 클릭해야 하며, 대중교통 이용 시에는 반드시 알뜰 교통 카드로 결제해야 한다. 다소 번거

• 알뜰 교통 카드 마일리지 적립 •

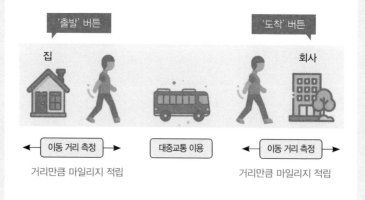

롭기는 하지만 월 교통비를 2만 원 가까이 아낄 수 있으며, 습관이 되면 생각보다 할 만하다. 게다가 미세 먼지 경보 발령 날엔 마일리지가 두 배로 적립되고, 물의 날(3/22), 식목일(4/5), 지구의 날(4/22)에도 마일리지가 두 배로 적립되기 때문에 꽤 쏠쏠하다. 알뜰 교통 카드 발급처는 신한·우리·하나카드 3개 회사로 카드사마다 대중교통 할인율도 다르고 연회비도 조금씩 차이가 나기 때문에 본인에게 맞는 카드를 선택해서 발급받으면 된다.

PART 2

땅

LAND

01

왜 부동산에
투자해야 하는가?

✳

집은 사는 것(buy)이 아니라 사는 곳(live)이라고 말한다면, 모든 다주택자는 적폐일 것이다. 하지만 다주택자의 매매로 주택 경기가 활성화되고, 지방 정부는 취득세(지방세)로 세수를 확보하며 정부 운영의 재원으로 활용한다. 또한 다주택자의 임대로 주거 안정성이 확보된다는 점을 감안하면 다주택자의 순기능도 분명히 있다. 그래서 나는 실거주 1주택은 필수이며, 가급적이면 부동산 공부를 해서 투자하길 권하는 편이다.

그런데 2022년 들어 전국의 전세가와 주택 매매 가격이 하락하고 있고, 2023년에도 하락 기조는 이어지고 있다. 주차별로 -0.05~0.1% 정도 하락하는데, -0.1%라고 해서 낮은 수치로 보이지만 결코 작은 숫자가 아니다. 이는 지수 산정 방식(칼리 방식) 때문인데, 기본적으로 가격 변동률은 전체 평균으로 계산된다. 가령 서울의 A라는 아파트가 1천 세대인데, 그중 10개 가구가 평균적으로 10% 하락했다면 -10%가 아니라 -0.1%로 산정된다. 참고로 IMF 때 서울 소재 아파트의 가격 변동률은 -5%였다. 34였던 지수가 29까지 빠졌다(2022년 1월 기준으로 아파트를 100으로 했을 때).

최근 금리 인상과 경기 침체, 그리고 2016~2021년 동안 높은 가격 상승에 대한 피로감으로 아파트 가격은 크게 하락하고 있다. 거래량 실종과 함께 하락세는 당분간 이어질 것으로 보인다.

편협한 서울주의자

장기적으로 보면 부동산 가격은 오른다. 특히, 서울 소재 아파트 가격은 오를 수밖에 없다.

1~2기 신도시 입주 기간과 특정 사건(IMF, 리먼 사태)이 있었던 기간을 제외하면 서울의 아파트 가격은 꾸준히 올랐다. 전체 서울의 아파트 수가 160만 호인데, 1기 신도시(30만 호)와 2기 신도시(60만 호)를 수도권에 지었으니 입주 기간에는 하락 내지 보합일 수밖에 없다. 서울의 아파트는 수요가 아닌 공급에 의해 움직이기 때문이다.

수요가 아닌 공급에 의해 움직인다는 말을 부연하자면, 서울의 경우 전체 아파트 숫자가 약 160만 호인데, 거주하는 전체 가구는 약 405만 가구다. 즉, 245만 호는 아파트가 아닌 빌라 내지 주택에 거주한다는 말이고, 단독 주택은 극소수이니 대부분 다가구 주택이나 다세대 주택에 거주하는 세대일 것이다. 거기에 잠재적 서울 수요자인 경인 가구수 529만 호를 포함하면 대기 수요는 어마어마하다. 3기 신도시가 갑자기 떡하니 지어지지 않는 한 하락 이후 서울의 아파트 가격은 반등할 여지가 높다.

게다가 서울의 아파트 가격이 오를 수밖에 없는 이유는 몇 가지 있는데, 그중 대표적인 게 ① 물가 상승 ② 지가 상승 ③ 과밀화 현상 이 세 가지다. 일반적인 소비재(자동차, 스마트폰 등)와 달리 아파트는 기본 30년 이상 사용·수익한다. 게다가 거주하는 동안 다른 소비재와 달리 감가되는 게 아니라 오히려 지가 상승으로 가치가 상승한다.

더구나 아파트를 지을 때 필요한 시멘트, 철근, 나무 등 자재 가격은 물가 상승에 따라 오르기 마련이고, 건설에 필요한 인건비도 오른다. 30년 전인 1992년도의 근로자 가구 월평균 가계 소득은 136만 원이었고, 2021년엔 510만 원이었다. 30년 동안 임금은 약 4배가량 올랐다. 그만큼 물가가 오르고, 화폐 가치는 떨어졌다. 단순 계산하면, 30년 전에는 아파트를 짓는데 2천만 원이 들었다면 동일한 자재로 똑같이 짓는다고 가정했을 때 지금은 8천만 원이 든다.

역대 정권별 매매 가격 변동률을 보더라도 진보 정권(김대중, 노무현, 문재인) 때 집값이 오르는 경향을 보이는데, 아이러니하게도 진보 정권은 집값을 잡기 위한 억제 정책을 펼쳤음에도 불구하고 아파트 가격은 상승했다. 정책의 풍선 효과와 함께 정책 실현을 위한 유동성 확대 등으로 자산의 가치가 상대적으로 올랐고 대표적인 안전 자산이 부동산이기에 그러지 않았나 생각된다.

두 번째는 지가 상승인데, 주지의 사실이지만 한 번 더 이야기하면 대한민국의 국토 중 72%가 산지이고 나머지 28%가 평지이다. 그런데 28%의 평지 중에서도 사람이 거주할 수 있는 도시 지역은 그리 많지 않다. 평지는 다시 농림 지역, 관리 지역, 도시 지역, 환경 보전 지역으로 나뉘는데, 이 중 사람이 대부분 거주하고 있는 도시 지역은 17,635km²로 전체 국토 면적의 16.6%밖에 되지 않는다. 이 좁은 땅에 전 국민의 92%에 해당하는 약 4,800만 명이 거주하고 있다.

그런데 그마저도 핵심 지역(서울, 경인, 부산, 대구, 광주, 대전 등)으로 몰리는 현상으로 지방 도시 지역은 소멸 위기에 처했다. 수도권 인구는 전국 인구의 50%를 넘어섰다. 더 큰 이슈는 인구의 '질'이다. 질적인 측면에서 수도권의 인구와 지방 인구의 차이는 크다. 대한민국 1,000대 기업 본사의 75.3%가 수도권에 밀집되어 있고, 신용 카드 사용액도 전체의 75%를 차지한다.

내가 스스로를 '편협한 서울주의자'라 부르는 이유는 경기보다도 서울이 앞으로 더 오를 여지가 있다고 판단하기 때문이다. 작금의 서울에는 아파트를 지을 땅이 없다(택지가 없다).

서울에 아파트를 더 지으려면 방법은 딱 두 가지다.

① **부수고 짓기**(재개발·재건축)
② **부수고 다시 지을 때 용적률 상향하기**(높이 짓게 해 주기)

획기적인 정비 사업을 통해 부수고 지어야 하며, 다시 지을 때 용적률 상한을 완화해야만 더 지을 수 있다. 그런데 정비 사업이라는 게 3~4년 만에 뚝딱 완성되는 게 아니다. 정비 사업은 계획 수립 후 최소 10년 이상은 걸리는 장기 사업이다. 그런데 이조차도 멸실 주택과 기존 원주민(조합원) 수용 이슈로 충분히 공급되기가 어려우므로 희소성을 지니는 땅값은 오를 수밖에 없다.

혹자는 말한다. '대한민국 합계 출산율은 역대 최저치를 기록했고, 2022년 2분기에는 0.75명까지 떨어졌기 때문에 인구 감소로 집값은 하락할 것'이라고 말이다. 틀린 말은 아니다. 합계 출산율이란 한 여성이 평생 동안 낳을 것으로 예상되는 자녀 수를 말하는

데, 일반적으로 15~49세 여성을 대상으로 조사한다(세계 공용). 보통 합계 출산율 2명을 유지해야 해당 국가의 인구수가 유지된다고 보는데, 우리나라는 0.75명이니 국가 소멸 수준에 달하는 처참한 상황이다.

그렇다면 전 세계가 저출산에 허덕일까? 결코 아니다. 전 세계 전체 합계 출산율은 2명이 넘는다. OECD 국가의 경우 평균 1.6명이지만, 여전히 인도, 사우디아라비아, 아프리카, 남미 등의 국가는 2명 이상의 아이를 낳고 있기에 세계 인구는 꾸준히 증가하고 있다. 내가 어렸을 땐 60억 세계 인구라고 했는데, 어느덧 크게 늘어나 2010년엔 약 70억 명을 돌파했고, 현재는 80억 명에 육박한다.

그런데 엄밀히 말하면 인구 감소와 집값 하락은 개연성이 없다. 인구는 줄더라도 1인 가구의 증가 및 가구 분가로 아파트 매매의 기준이 되는 '가구 수'는 여전히 늘고 있다. 물론 상승 폭이 줄고 있긴 하지만 2023년에도 여전히 가구 수는 늘었다.

게다가 아이러니하게도 인구가 줄어들수록 교육과 병원의 과밀화는 더 심화된다. 한국의 합계 출산율이 낮아지면서 가정당 1명의 아이가 디폴트가 됐고, 아이에게 들어가는 양육비와 교육비는 자연스레 늘어난다. 소득 증가분이 고스란히 아이의 학비에 반영됨에 따라 학군을 찾아 이사를 떠나게 되어 학군지(대치동, 목동, 중계 학원가) 집값은 더 오르고, 서울 소재 대학에 진학하는 학생들이 많아지면서 서울에 정착하는 사례도 늘어났다. 지방 대학교는 소멸하고 서울 소재 대학교만 살아남는 시대가 멀지 않았다.

게다가 상급 종합 병원은 대부분 절반가량이 수도권에 있으며, 같은 상급 종합 병원이라고 하더라도 지방과 비교해 의료의 질 차이가 심할 정도로 많이 난다. 지방권의 상급 종합 병원들은 대부분 지방 소재 의과 대학 병원인데, 지방 의대생 중 성적이 상위권인 의대생들은 대부분 서울로 올라온다.

우리나라 명의 리스트라고 검색해서 나오는 의사만 보더라도 90% 이상이 수도권 병원에서 근무하고 있다. 출산율 감소로 인구가 줄면서 교육과 의료에 대한 수요는 더 커지는데 그 수혜는 온전히 수도권, 그중에서도 서울이 보게 된다. 심지어 수도권 인근 신도시조차 자족 기능이 없다. 1기 신도시의 대표격인 분당조차도 판교를 제외하면 자족 기능이 없다. 즉, 서울 출퇴근 베드타운의 역할 정도만 하고 있다.

교육과 의료는 점점 더 서울화되고, 신도시는 점점 더 베드화된다. 물론 0.7%대 출산율은 결국 장기적으로 보면 가구 수의 감소로 이어지며, 일본처럼 빈집이 늘어나게 될 것이다. 하지만 이는 서울이 아닌 지방의 이야기로 인구 감소로 인해 서울 과밀화는 더욱더 심해질 것으로 본다. 그리고 인프라가 밀집된 업무 지구

(CBD-종로, YBD-여의도, GBD-강남) 인근으로 몰리게 될 것으로 예상된다.

경기도의 경우 문재인 정부(박원순 시장 때) 때 서울 재개발·재건축을 막아 서울 낙후화의 반사 이익을 많이 봤다고 생각한다. 서울 대비 경인 신도시의 쾌적한 주거 환경과 새 아파트라는 메리트로 2기 신도시의 가격은 크게 올랐다. 하지만 지금 정부와 오세훈 시장은 서울의 재정비 사업을 적극적으로 추진하고 있다. 즉, 서울 도심의 노후도는 갈수록 좋아질 예정이므로 쾌적함이라는 신도시의 장점은 점점 퇴색되고(서울 도심의 정비 사업 활성화로 인해 상대적인 쾌적함이 줄어듦), 서울 도심의 가치는 앞으로 더 부각될 것으로 생각된다. 물론 GTX라는 큰 호재가 있지만, 배차 간격, 지하 이동 시간, 요금, 표정 속도(表定速度) 등을 감안하면 접근성은 개선되겠지만 여전히 불편한 것들 투성이다.

이것이 내가 스스로를 편협한 서울주의자라 부르는 가장 큰 이유다. 물론 서울이라고 해서 다 오르는 건 아니다. 매입 시점 당시 고평가된 가격이라면, 아무리 지가나 물가가 상승한다고 해도 가격이 오르지 않을 수 있다. 모든 건 입지가 평가하기 때문에 서울 안에서도 입지를 보고 투자해야 한다. 역세권, 숲세권, 병세권(병원), 개발 호재 등 다양한 입지를 기준으로 투자처를 선별해야 하며, 반드시 임장을 통해 발품으로 투자처를 골라야 한다.

재개발과 재건축

앞서 이야기했지만, 아파트를 건축하기 위해선 택지(공터)에 신축하거나, 정비 사업을 통해 기존 주택을 허물고 다시 지어야 한다. 전자가 신도시고, 후자가 우리가 잘 알고 있는 재개발과 재건축이다. 그런데 수도권을 비롯한 지방 주요 도시의 경우 이미 인프라가 구축된 도심 지역은 아파트든 빌라든 어떤 형태의 주택이든 사람들이 거주한다. 그래서 새로 아파트를 짓기 위해선 정비 사업을 통해 기존 주택을 부수고 다시 짓는 수밖에 없다.

정비 사업은 재건축과 재개발이 있는데, 재건축은 민간 주도로 주택 소유주가 조합을 결성해 개별 아파트나 연립 주택을 허물고 다시 짓는 주택 건설 사업을 말하며, 재개발은 주거 환경이 낙후된 지역 자체를 개선하기 위해 도로, 상하수도 등 기반 시설을 정비하는 공공 성격의 주택 건설 사업을 말한다. 토지주의 동의하에 정비 사업을 하는 건 동일하지만, 민간 주도인지 아니면 공공 주도인지에 따라 절차와 방법, 그리고 소요 시간이 다르다.

먼저 재건축의 경우 재개발보다는 상대적으로 빠르게 진행된다. 부동산 114에서 실제 재건축 단지들의 통계를 바탕으로 낸 자료에 따르면 재건축의 첫 단계인 기본 계획 수립부터 입주까지 총 8.91년이 소요된다고 한다. 하지만 이건 2010년대 5층 저밀도 주공 아파트(사업성이 매우 좋은) 통계이므로 사실상 요즘은 훨씬 더 오래 걸리는 게 일반적이다. 가령 잠실만 보더라도 이미 5층 저밀도 아파트인 잠실 주공 1~4단지 아파트는 엘스(주공 1단지), 리센츠(주공 2단지), 트리지움(주공 3단지), 레이크팰리스(주공 4단지)로 탈바꿈하여 2008년에 입주했으나, 비교적 고밀도인 잠실 주공 5단지는 아직까지도 사업 시행 인가 준비 중이다. 그만큼 사업성에 따라 진행 속도가 천차만별이며, 정부의 협조 여부에 따라 사업의 성패가 갈리게 된다.

기본적으로 재건축 절차는 ① 사업 준비 단계, ② 사업 시행 단계, ③ 관리 처분 단계, ④ 완료 단계로 구분된다. 재건축 시행의 가장 첫 번째 관문이자 가장 높은 허들이라 불리는 안전 진단의 경우 최근 '재건축 안전 진단 합리화 방안'에 따라 상당 부분 완화됐다. 준공 이후 30년이 넘은 아파트는 재건축 안전 진단을 통과할 경우에 한해 재건축이 가능한데, 과거 안전 진단은 예비 안전 진단 → 1차 정밀 안전 진단 → 2차 정밀 안전 진단(적정성 검토)을 거쳐야만 최종 통과가 가능했다. 문제는 1차 정밀 안전 진단에서 조건부 재건축 판정을 받으면 의무적으로 2차 정밀 안전 진단이라 불리는 공공 기관의 적정성 검토를 받아야 하는데, 공공 기관에서는 재건축을 불허했기 때문에 사실상 안전 진단을 통과한 단지는 거의 없었다.

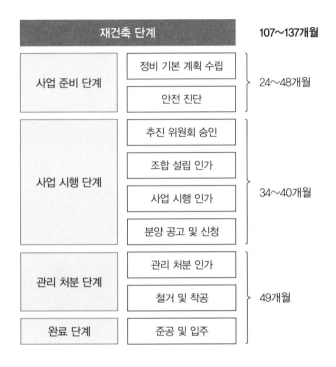

• 재건축 절차도 •

재건축 단계		107~137개월
사업 준비 단계	정비 기본 계획 수립	24~48개월
	안전 진단	
사업 시행 단계	추진 위원회 승인	34~40개월
	조합 설립 인가	
	사업 시행 인가	
	분양 공고 및 신청	
관리 처분 단계	관리 처분 인가	49개월
	철거 및 착공	
완료 단계	준공 및 입주	

　　그런데 재건축 안전 진단 합리화 방안에 따라 적정성 검토는 의무가 아닌 지자체가 요청하는 경우에만 받는 것으로 바뀌었고, 안전 진단 평가 항목도 기존 구조 안전성(50%), 주거 환경(15%), 건축 마감 및 설비 노후도(25%), 비용 분석(10%)에서 구조 안정성 비중이 30%로 줄어들고, 주거 환경이 30%로 늘어나면서 안전 진단 통과 가능성도 커졌다. 철근 콘크리트(철콘 구조)로 지어지는 건

물의 경우 노후되더라도 잘만 지으면 100년 이상 간다. 하지만 내부 수도관 노후(녹 문제) 및 주차 이슈 등 주거 환경 문제 때문에 재건축을 하는 것인데, 구조 안정성의 평가 비중이 줄어들고, 주거 환경 비중이 두 배로 늘어나면서 안전 진단 통과가 수월해졌다.

재개발의 경우 재건축보다 더 오래 걸린다. 빨라야 10년이고 길게는 15~20년 이상도 걸린다. 일단 '사업 시행 인가'가 떨어지면 어느 정도 담보됐다고 볼 수 있고, '관리 처분 인가'가 떨어졌다고 하면 거의 다 됐다고 볼 수 있다. 참고로 서울 뉴타운은 이명박 서울 시장 때 시작해서 정비 계획 수립 및 지정 단계를 끝마쳤고, 그 이후 오세훈 시장이 바통을 이어받아 속전속결로 진행됐다. 대표적인 뉴타운인 은평 뉴타운은 9년(2002~2011년), 길음 뉴타운은 15년(2002~2017년), 왕십리 뉴타운은 12년(2002~2014년)이 소요됐다. 과거 사례를 보더라도 태클 없이 정상적으로 진행됐을 때 재개발은 9~15년 정도 소요된 것을 확인할 수 있다. 그런데 이마저도 박원순 전 서울 시장은 2011년부터 2020년까지 약 10년 동안 내리 3선을 역임하면서 2011~2015년 사이 재개발 지역을 대부분 해제했다.

택지가 없는 서울은 정비 사업을 통해 주택을 공급해야 한다. 그런데 재개발을 막아 놓으니 공급될 턱이 있나! 그래서 2023년 1월~2025년 1월 사이 서울의 공급 물량을 보면 고작 6.8만 세대에 불과하다. 경기도에 약 23만 세대, 인천에 약 9만 세대가 공급되는데, 인구가 943만 명인 서울에 공급되는 물량은 고작 6.8만 세대이다. 인구가 296만 명인 인천 공급 물량보다 적다면 말 다한 셈이 아닌가. 그리고 경기도와 비교해도 공급 물량의 1/3 수준에도 미치지 못한다. 서울의 적정 공급 물량은 멸실되는 주택과 가구 수를 감안하면 연간 4.7만 호인데, 2023년 1월~2025년 1월(2년간)에 공급될 물량이 6.8만 세대로 적정 공급량 대비 한참 부족한 게 현실이다.

신도시

정비 사업으로 공급되는 물량이 민간 혹은 지자체 단위의 소규모 공급 사업이라면, 신도시 사업은 전 국가적인 택지 사업으로 물량 면에서 비교할 수 없을 정도로 큰 파급력을 미친다. 특히, 신도시의 경우 재개발이나 재건축과 달리 택지에 지어지므로 100% 순증하는 공급량이다. 가령 단군 이래 최대의 재건축 사업이라 불리는 둔촌 주공(올림픽파크 포레온)의 경우 총공급 물량은 12,032세대이지만 7,246세대는 조합원 물량이고, 일반 분양되는 물량은 4,786세대로 전체 공급 물량의 40%가 채 되지 않는다. 1.2만 세대 공급이라고 하지만 실제로 순증하는 물량은 4,786세대에 불과한 셈이다. 반면 신도시는 택지에 공급되므로 앞으로 지어질 3기 신도시 약 20만 호 물량은 순증하는 물량으로 파급력 측면에서 정비 사업과는 비교가 되지 않는다.

1~2기 신도시는 이미 지어졌고, 앞으로 3기 신도시가 남아 있는데, 1~2기 사례를 참고해서 3기 신도시가 미칠 파급 효과를 미루어 짐작해 보자.

1992년, 노태우 정부에서 시작해 4년 만에 입주를 끝낸 1기 신도시는 고양 일산, 성남 분당, 부천 중동, 군포 산본, 안양 평촌으로 총 5개 지역이며, 입주 물량은 30만 가구였다. 반면 2008년 시작된 2기 신도시는 2003년 노무현 정부에서 계획을 발표했고, 이명박, 박근혜, 문재인 정부를 거쳐 무려 15년 만에 입주가 끝났다. 물론 성남 판교, 화성 동탄 등 20개 지역으로 1기 신도시 대비 지역이 넓고, 입주 물량은 60만 호로 2배에 달하지만, 토지 수용 및 보상 등의 이슈로 4배 가까운 오랜 시간이 걸렸다. 2기 신도시가 오래 걸렸다기보다는 1기 신도시가 군사 정권하에서 비정상적으로 빨리 진행된 측면이 있다. 그렇다면 과연 3기 신도시는 어떻게 진행되고 있을까?

3기 신도시는 2018년 서울 및 근교 지역 부동산값 폭등에 따라 공급 물량을 늘리기 위해 계획한 신도시로 1~2기 신도시보다 서울에 더 가까운 지역에 조성된다. 총공급 물량은 약 20만 호로 남양주 왕숙, 하남 교산, 인천 계양, 고양 창릉, 부천 대장, 광명 시흥, 의왕, 군포, 안산, 화성 진안, 화성 봉담, 안산 장상 등에 공급된다. 이미 7차까지 사전 청약을 마쳤고, 계속해서 사전 청약이 진행되고 있다.

정부의 계획에 따르면 주요 3기 신도시 지역인 인천 계양이 2026년에 준공되어 가장 빨리 입주를 시작하며, 왕숙과 교산이 2028년, 창릉과 대장이 2029년에 준공되어 입주할 것이라고 보도했다. 2018년 계획 발표 이후 11년 뒤에 준공되는 셈이다. 하지만 신도시의 첫 단추인 토지 보상부터 삐걱거리고 있고, 물가 상승으로 건축비가 오르고, 건설 경기 침체까지 겹치면서 사실상 계획된 시간 내에 3기 신도시 준공은 쉽지 않아 보인다.

8,500조 VS 2,500조

우리나라 전체 기업의 시가 총액이 클까? 아니면 주거용 부동산의 시가 총액이 클까?

2023년 초 기준 코스피 시총은 1,767조이고 코스닥 시총은 315조이니 전체 주식 시장에 상장된 모든 기업의 시가 총액 합산액은 2,082조다. 시장의 흐름에 따라 변동성이 심하지만 대략 2,000~2,500조 정도 된다. 그런데 부동산(상업용을 제외한 주거용)

의 전체 시가 합은 약 8,500조로 전체 기업 시가 총액의 4배가 넘는다.

모든 국가가 마찬가지지만 부동산은 국가 자산 중에서 가장 큰 비중을 차지한다. 그 말인즉슨 '국가는 결코 부동산을 놓을 수 없다'라는 뜻이다. 국가의 입장에서 보면 부동산 시장의 과열보다 하락이 더 큰 문제다. 과열로 인한 정권의 비판은 감수할 수 있지만, 하락으로 인한 경기 붕괴는 견딜 수 없기 때문이다.

2021년 코로나로 인한 거리 두기로 국가 경제가 휘청거렸다. 자영업자는 길거리에 나앉게 생겼으며, 기업들의 조업에도 차질을 빚었다. 하지만 2021년 국세청 집계 전체 세수는 335조로 전년 대비 20.6%가 더 넘게 걷혔다. 참고로 2021년 세수는 세수 관련 통계를 전산화한 1990년 이후 최대 오차율로 정부가 예상했던 세수보다 훨씬 더 많은 세금을 거둔 해다. 기획재정부는 양도세 세수를 16.8조로 예상했지만 35조 원 넘게 더 걷혔으며, 상속 및 증여세는 9.9조를 예상했지만 17.4조가 더 걷혔다. 2021년 부동산 시장의 호황으로 정부는 뜻밖의 수혜를 봤다.

그런데, 2022년 들어 상황이 반전됐다. 전국의 부동산은 급격하게 하락하기 시작했고, 시장은 얼어붙었다. 거래 절벽으로 부동산 취득세를 주요 재원으로 하는 지방 정부의 재정이 망가졌고, 정부 운영에 차질이 생겼다. 그래서 정부는 부랴부랴 부동산 하락을 막기 위해 갖은 수를 다 쓰며 부동산 관련 규제를 해제하기 시작했다. 2023년부터 시행된 특별보금자리론을 통해 무주택, 1주택자에게 집을 사라고 부추기고, 다주택자에겐 취득세 중과 완화 및 조정 지역 해제 등의 당근을 주며 하락에 브레이크를 걸어 주길 바라고 있다. 불과 1~2년 전만 해도 다주택자는 적폐 취급을 받았는데, 하락이 시작되자 정부의 태도가 돌변한 것이다.

조선 시대에도 집값은 비쌌다

PIR이란 'Price to income ratio'로 가구 소득 대비 주택 가격의 비율을 말한다. 만약 PIR이 10이라면 10년 동안 한 푼도 쓰지 않고 돈을 모아야 집을 한 채 살 수 있다는 말이다. 과거엔 무작위 전화 조사(2천 명)를 통해 소득과 주거 형태 등을 설문 조사해서 PIR을 구했지만, 2008년도부터는 통계청 가계 동향 조사 분위별 평균 소득(국세 데이터 연계)과 부동산 데이터를 기반으로 자료를 뽑아 내고 있기에 꽤 신빙성이 있는 자료라 볼 수 있다.

게다가 소득과 주택 가격을 5분위로 나눠 소득 수준과 주택가격별로 PIR을 구하기 때문에 상당히 디테일하다. 소득 하위 20%(1분위)와 상위 20%(5분위)가 주택을 구매할 때 걸리는 시간은 5배 이상 차이가 나기 때문에 뭉뚱그려 통계를 내면 왜곡이 발생할 여지

• PIR 표 •

2022년 9월		(전국) 소득 분위					(서울) 소득 분위				
		1분위	2분위	3분위	4분위	5분위	1분위	2분위	3분위	4분위	5분위
주택 가격	1분위	6.2	3.1	2.3	1.7	1.0	20.3	10.4	7.5	5.6	3.5
	2분위	12.0	6.1	4.4	3.3	2.0	37.0	19.1	13.8	10.3	6.3
	3분위	19.0	9.7	7.0	5.2	3.2	47.5	24.5	17.7	13.2	8.1
	4분위	29.0	14.7	10.6	7.9	4.9	62.3	32.1	23.2	17.3	10.7
	5분위	51.1	25.9	18.7	13.9	8.6	100.0	51.6	37.3	27.7	17.1

가 있다. 따라서 소득 3분위(40~60%)가 주택 3분위(40%~60%)를 구매할 때 걸리는 시간을 보는 게 좋다.

2022년 9월 기준 소득 3분위의 전국 PIR은 7.0년이고, 서울 PIR 은 17.7년이다. 서울에선 한 푼도 안 쓰고 17.7년 동안 돈을 모아야 집을 살 수 있다는 뜻이다. 그런데 3분위+3분위 조합 시 PIR이 17.8년이고, 소득 하위 20%(1분위)가 주택 상위 20%(5분위)의 집을 사려면 무려 100년이 걸리고, 반대로 소득 상위 20%가 하위 20% 주택을 사려면 3.5년밖에 걸리지 않는다. 그만큼 빈부의 격차가 크다는 뜻이다. 그럼 과거 PIR 데이터 기준 서울 아파트의 적정 가격은 얼마일까?

부의 지식 사전
PART 2

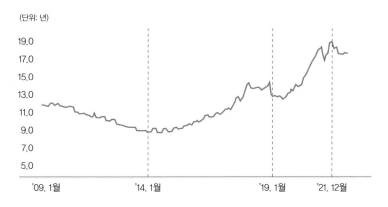

• 서울 월별 PIR 추이 •

(단위: 년)

19.0
17.0
15.0
13.0
11.0
9.0
7.0
5.0

'09. 1월   '14. 1월   '19. 1월   '21. 12월

　　지난 14년간 서울의 PIR을 보면, 가장 낮은 시기는 2014년으로 PIR은 8.8년이었고, 가장 높았던 시기는 2021년 12월로 무려 19년이었다. 2014년은 집값 하락이 극에 달했던 시기로 박근혜 정부의 경제 부총리였던 최경환이 '빚내서 집을 사라'며 조세 지원 및 금리 인하, 대출 규제 완화 등 부동산 살리기에 총력을 기울였던 시기였다. 2014년을 제외하면 통계 기간 동안 서울의 PIR이 10년 이상인 기간이 많고, 14년간 월평균 PIR은 12.2년이다.

　　참고로 2022년 하반기에 집값 하락이 본격적으로 심화됐는데, PIR이 여전히 높아 보이는 이유는 위 자료가 2022년 9월 데이터이며(앞으로 더 하락할 것임), 하반기에 거래량 급감으로 호가가 낮아졌을 뿐 아직 하락 이후 거래량이 터지지 않았기 때문이다.

• 교토대 문서(매매명문) •

일본 교토대 소장 매매명문(賣買明文 · 소유문서). 서울 사대문 안 중상층 양반이 거주했던 것으로 보이는 한 집의 거래 이력을 담고 있다. 이 집은 1777년 275냥에 팔렸지만(왼쪽), 1821년에는 700냥에 거래됐고(가운데), 1846년에는 1,000냥으로 올랐다(오른쪽).

출처: 동아일보

평균 PIR에 따르면 서울에서 소득 수준 중간(3분위)인 가구가 중간 수준의 주택(3분위)을 사려면 월급 한 푼 쓰지 않고 12.2년을 모아야 한다. 이게 지난 14년간의 PIR 통계가 말해 주는 서울 아파트 가격이다. 일견 서울 아파트의 PIR을 보면 비정상적으로 비싸 보인다. 하지만 서울의 아파트가 비싼 건 어제오늘의 이야기가 아니다.

일본 교토대 소장 매매명문(소유권 문서)을 보면, 1864년 우치홍이라는 사람이 한양(수도 서울)의 중상층 양반집(기와집)을 1,000냥 (상평통보)에 팔았는데, 해당 기와집의 거래 이력을 보면 1777년에는 275냥이었다가 1821년에는 700냥, 1846년에는 1,000냥으로 뛰었다고 한다. 학계에 따르면 당시 일 품삯이 은 1.34g이라고 하니, 상평통보 교환 비율로 따지면 일당은 0.17냥이다. 즉, 당시 1,000냥 하는 기와집을 사려면 5,882일이 필요하고, PIR로 따지면 16.1년이다. 물론 당시 일 품삯과 중상층 기와집이 과연 현대의 소득과 집값 분위의 어느 부분에 해당하는지는 정확히 가늠하긴 어렵다. 하지만 당시에도 집값은 계속 올랐으며 PIR은 10년을 훌쩍 넘겼다고 추정할 수 있다.

실거주 한 채의 필요성

집값은 등락을 반복하지만, 서울 집값이 싼 적은 없었다. 집값이 가계 자산에서 차지하는 비중이 매우 높은 우리나라의 경우 집값의 붕괴는 가계 대란을 일으키므로 국가에서 공급과 정책을 통해 조절하려고 노력한다. 그럼에도 불구하고 IMF, 리먼 사태, 최근 금리 인상으로 인한 경기 위축 등 굵직한 경제 위기 때 집값은 하락했다. 따라서 어느 정도 집값이 하락한 지금 실거주 한 채는 꼭 장만하길 바란다.

앞서 누차 이야기했지만, 화폐 가치는 하락하고 자산 가치는 우상향한다. 아파트 자잿값부터 인건비까지 안 오르는 게 없다. 아파트가 깔고 있는 대지 지분 덕분에 건물이 감가된다고 하더라도 지가 상승분이 아파트 감가분을 상쇄하고도 남는다. 화폐 가치 하락을 헤지하면서 사용·수익까지 할 수 있으니, 실거주 한 채는 반드시 필요하다. 특히 집값이 하락한 2023년은 무주택자에게 주어진 절호의 기회라 생각한다. 물론 앞으로 몇 년은 더 하락할 여지가 있다. 고점 대비 30~40%가 빠졌지만, 더 빠질지 아니면 반등할지는 그 누구도 예측하기 어렵다. 하지만 중장기적으로 봤을 때, 결국 집값은 회복되고 우상향한다. 이는 지난 50년간의 데이터가 증명해 주는 사실 아닌가.

게다가 보금자리가 주는 심리적 안정감은 두말할 필요도 없다. 오죽하면 친척들을 부를 때 잠실 이모, 신촌 삼촌 등 사는 곳의 지명을 붙여 부를까? 2년마다 재계약해야 하는 전셋집이 아니라 내 집이라는 심리적 안정감은 집에 대한 애착을 주며, 동네 주민들과 인프라를 구축하는 데 도움을 준다. 자녀를 키운다면 동네에서 학령기를 거치면서 비슷한 또래 부모들 간의 인적 인프라를 구축할 수 있고, 아이들 또한 정서적인 안정감을 누릴 수 있다.

전월세 계약 묵시적 연장, 1억 원 아끼는 비법

주택임대차보호법에 따라 전월세 계약은 묵시적 갱신이 허용된다. 주택임대차보호법 제6조(계약의 갱신)에 따라 임차 기간이 끝나기 6개월 전부터 2개월 전까지 임대인이 임차인에게 갱신 거절의 통지를 아니할 경우 직전 임대차계약 내용과 동일한 조건으로 다시 임대한 것으로 보기 때문에 전세 계약이든 월세 계약이든 집주인이 별말 없으면 묵시적으로 계약이 연장된다.

그리고 임차인은 묵시적 갱신으로 계약이 연장된 이후 계약을 해지하고 싶다면, 3개월 전에 계약 해지를 통보하고 이사를 할 수 있다. 해지 통보는 구두 또는 서면이든 양식에 구애받지는 않지만, 향후 논란의 시비를 겪을 수 있으니 문자로 기록을 남기는 게 좋다. 참고로 계약 해지는 임차인만 할 수 있으며, 임대인은 계약 해지를 통보할 수 없다. 만약 임대인이 계약 해지를 원한다면 세입자 (임차인)와 협의를 하게 되는데, 보통은 이사비와 위로금을 지급하고 계약을 해지하는 경우가 많다. 주택임대차보호법의 목적 자체가 임차인을 보호하기 위함이므로 묵시적 갱신 후 해지는 임차인만 할 수 있는 것이다.

그런데 최근 전세가가 폭락하면서 계약 해지 이슈가 불거졌다. 묵시적 갱신 이후 임차인이 계약 해지 요구시 3개월 이후 효력이 발생하는 조항 때문에 임대인이 을이 되고 임차인이 갑이 된 상황이 종종 발생한다. '임차인의 역습'이라며 기사화되기도 했는데, 가령 3억 원의 전세 계약을 묵시적 갱신으로 연장한 후 얼마 뒤 전세가가 2억 원대로 떨어졌다고 가정해 보자. 이 경우 임차인은 계약 해지를 통보하면서 1억 원을 돌려줄 것을 요구할 수 있다. 일반적인 전세 계약이라면 계약 기간을 지켜야 하지만, 묵시적 갱신은 계약 해지 통보시 3개월 뒤에 효력이 발생하기 때문에 임대인은 계약 해지를 막고자 1억 원을 급히 마련해 임차인에게 돌려줄 것이다. 전세가가 폭락하면서 생긴 해프닝인데, 만약 본인이 임차인이라면 꼼수로 전세금 차액을 돌려받을 수 있다. '아는 게 힘'이라고, 임차인 입장에서는 전세가 하락과 계약 해지를 무기로 1억 원의 차액을 챙길 수 있는 셈이다. 반대로 임대인의 입장에서는 전세가 하락시 역전세를 염두에 두고 준비해야 한다.

그렇다면, 묵시적 갱신 이후 다시 계약서를 쓸 필요가 있을까?

예전에는 묵시적 갱신을 하더라도 계약서를 작성하는 경우가 거의 없었다. 하지만 2020년 7월 임대차 3법이 도입되고 새로 작성하는 계약서에 '계약 갱신 청구권 사용에 따른 재계약'이라는 단서 조항을 붙이기 위해 묵시적 갱신 이후 계약서를 재작성하는 사례가 늘고 있다. 실제로 계약 갱신을 신고한 건수 중 53.3%가 계약 갱신 청구권을 사용해서 재계약한 사례라고 하니 이 말이 허언은 아닌 듯하다. 그런데 원칙적으로 계약 갱신 청구권 사용시 반드시 계약서를 다시 작성해야 할 필요는 없다. 문자나 카톡 혹은 내용 증명 등으로 확인만 되면 나중에 추후 분쟁이 발생하더라도 충분히 증거로서 효력이 있으니 말이다.

하지만 계약 갱신 청구권 사용을 명확히 하고자 계약서를 다시 작성하는 경우가 있는데, 이때는 '계약 갱신 청구권 사용에 따른 재계약'이라는 문구와 '증액된 보증금 및 월세' 이 두 가지를 반드시 명시해야 한다. 그래야 나중에 계약 종료 이후 계약 갱신 청구권 재사용이 불가능하며, 추후 임대료를 5% 미만으로 올린 게 확인되어 착한 임대인으로서 실거주를 하지 않더라도 양도세 감면 혜택을 받을 수 있다.

그리고 계약서를 다시 쓴다고 하더라도 기존 계약의 연장이므로 공인 중개사를 끼지 않고 상호 간에 계약서를 작성해도 전혀 문제가 없다. 그럼에도 불구하고 부동산 임대차 계약서이다 보니 혹시나 하는 마음에 공인 중개사를 통해 대필하는 경우가 많다. 이런 경우 관계 유지를 위해 무료로 해주는 중개사들도 있고, 대필료로 5~10만 원 정도 받는 사람도 있다. 하지만 간혹 악덕 중개사의 경우 법정 요율을 그대로 적용해서 금액별로 최대 0.6%를 요구하는 경우도 있고, 최저 요율이라며 선심 쓰듯이 0.3%를 요구하는 경우도 있는데, 이는 새로운 임차인을 중개해 주는 것이 아니므로 중개 수수료 요율 그대로 적용할 필요가 없다. 이런 중개사가 있다면 믿고 거르자.

02

떠들썩한 부동산 PF

최근 부동산 PF 사태가 경제계 초미의 관심사다. 2022년 레고랜드 부도와 둔촌 주공 대주단의 채권 미연장 이슈로 PF 사태가 수면 위로 떠올랐다. 실제로 2022년 9월 충남의 우석건설이 부도를 맞았으며, 12월에는 창원의 동원건설산업 또한 PF 사태로 최종 어음 22억 원을 막지 못해 부도 처리됐다.

부동산 PF란?

PF 대출이란 프로젝트 파이낸싱(Project Financing)의 준말로, '사업성'을 기반으로 돈을 빌려주는 대출 기법을 말한다. 기존 대출이 '담보'를 기반으로 돈을 빌려줬다면, PF 대출은 '신용'과 '사업성'을 기반으로 돈을 빌려주는 것이다. 담보가 없다 보니 리스크가 큰 편이고, 일반 대출보다 금리도 높다. PF의 경우 리스크가 높긴 하지만, 사업만 정상적으로 진행되면 아무런 문제가 없기에 부동산 대출에서 자주 사용됐던 기법이다. 준공 이후 분양 대금을 바탕으로 PF 대출을 갚게 되면 고금리로 이자를 취하는 은행과 건설의 주체인 시행사도 이득이고, 건설사 또한 공사 대금을 제때 받아 매출을 챙길 수 있으니 서로 윈윈하는 금융 방식이기 때문이다.

하지만 사업이 정상적으로 진행되지 않을 경우 문제가 발생한다. PF 대출의 경우 보통 부동산 개발 사업에서 빈번하게 발생하는데, 2022년 연말 기준 부동산 PF의 대출 잔액은 112조 규모로 상당히 크다. 우리나라의 1년 예산이 약 639조 수준임을 감안하면 PF 대출 규모가 짐작될 텐데, 문제는 지금처럼 채권 금리 폭등 및 채권 시장 경색으로 연장이 안 되거나 만기 시점에 상환 불능이 될 경우 시행사 → 시공사(건설사) → 대주단(금융 기관)의 연쇄 부도로 이어질 수 있다는 점이다.

일반적인 대출의 경우 대출금 상환이 불가능한 상황이 발생하면 담보를 현금화해서 대출금을 상환하면 그만이다. 하지만 PF 대출의 경우 담보가 없기 때문에 '지급 보증'을 선 제3자의 신용이 중요하다. 그런데 지급 보증을 한 회사(또는 지자체)가 디폴트를 선언하면, 담보가 없으므로 부실 채권이 되어 줄도산의 도화선이 될 수 있다.

건설사 부도의 진실

가령 재건축 사업이라고 하면 사업의 주체는 '조합'이다. 기존 구축 아파트에 거주하고 있는 토지주들이 사업의 주체이고, 그 사람들이 조합을 설립해 정비 사업에 나서게 된다. 그런데 조합이 무슨 돈으로 사업을 벌이겠는가? 조합은 금융 기관에서 대출을 받아 사업을 진행해야 하고, 금융 기관 입장에서는 정상적으로 아파트가 지어지면 분양을 통해 대금 회수가 되니 재건축의 사업성을 보고 투자한다. 이것이 전형적인 부동산 PF 대출이다.

문제는 건설사가 계약을 따내기 위해 시행사(조합)의 지급 보증을 서게 되는데, 만약 금융 기관에서 PF 대출을 중단 혹은 만기 후 연장을 금지할 경우 이 채무는 고스란히 건설사가 지게 된다. 대표적인 것이 둔촌 주공 사례다. 둔촌 주공의 경우 2022년 10월 28일까지 만기가 도래하는 ABCP 채권을 대주단(금융 기관)에서 연장해 주지 않아 졸지에 약 7천억 원의 대금을 대주단에게 갚아야 하는 상황에 놓였고, 이를 조합이 갚지 못하자 7천억 원이라는 대금을 고스란히 시공사가 부담했다. 4개의 시공사(현대건설, 현대산업개발,

• PF 대출 구조도 •

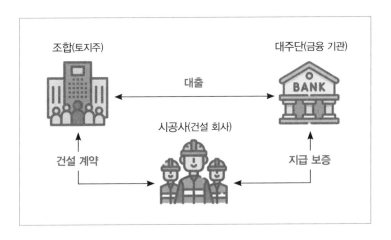

대우건설, 롯데건설)가 각자 1,600~1,900억 원이 넘는 채무를 부담했는데, 이걸 우발 채무라고 부른다.

우발 채무란 현재는 부채가 아니지만, 향후 부채로 확정될 가능성이 높은 채무를 말한다. 둔촌 주공 사태에서는 7천억 원의 우발 채무가 확정 채무로 바뀐 것인데, 당장에 시공사는 이 비용을 대납해야 한다. 물론 본인들이 대납하는 대신 나중에 분양가와 조합원 분담금을 높여 사업비에 반영하겠지만, 당장에 도래하는 채권이므로 이를 막지 못하면 부도 처리된다. 대기업의 경우 당장에 현금 흐름이 안 좋더라도 모회사로부터 자금 차입이나 유상 증자로 실탄을 마련할 수 있으니 큰 문제가 없다. 대표적으로 롯데건설의 경우 이번 둔촌 주공 사태 등으로 현금 흐름이 막히자 모회사인 롯데 케미칼로부터 5천억 원을 차입하고, 2천억 원을 유상 증자(신주 발행)해서 총 7천억 원의 자금을 확보했다. 문제는 당장에 현금 흐름이 부실한 지방의 중소 건설사와 여기에 투자한 중소형 증권사다.

요약하자면 ① PF 대출이 중단되면 조합이나 시행사(투자자)의 채무는 고스란히 건설사가 부담해야 하며, ② 우발 채무가 확정 채무로 바뀐다. 그럼 당장 흑자로 현금 수익이 있더라도 ③ 막대한 부채를 갚지 못하면 부도 처리될 여지가 있다.

03   깡통 전세

빌라왕 전세 사기 사건

2022년, 1,139채의 빌라를 소유하면서 '빌라왕'이라 불렸던 40대 김모 씨가 벌인 빌라 전세 사기가 큰 이슈였다. 빌라 투자자 김 씨는 자기 자본을 거의 들이지 않고 갭(임차인의 전세금)으로 빌라 1,139채를 매집했다. 그런데 부동산 경기 침체로 매매 가격이 전세 가격보다 낮아지는 깡통 전세가 발생했고, 종부세 폭탄을 맞은 김 씨의 빌라들이 공매에 넘어가면서 임차인 수백 명의 전세금이 날아가는 상황에 놓였는데, 사건 당사자인 빌라왕이 자살하면서 '공소권 없음'으로 끝나는 최악의 상황에 직면하게 된 사건이다.

전세 사기 유형과 대책

일반적으로 전세 사기는 다가구 주택 혹은 다세대 주택(빌라)에서 자주 발생한다. 아파트 대비 매매 빈도가 낮기 때문에 전세가율의 기준이 되는 매매가를 알기 어렵고, 가격이 비교적 싸다 보니 중개사 간의 자전 거래로 실거래가를 올려 전세금을 부풀려 받는 경우도 있기 때문이다. 전세 사기 유형만 잘 알고 있어도 이를 피할 수 있으니 꼭 짚고 넘어갔으면 한다.

전세 사기 유형은 크게 3가지다. ① 동일 매물로 다수의 임대차 계약을 체결하는 중복 계약, ② 전세 보증금을 부풀려 매매가와 전세가 차이가 거의 없는 깡통 전세, 그리고 마지막으로 ③ 공인 중개사 간 자전 거래로 부풀려 전세가를 올려 받는 경우다.

먼저 중복 계약은 중개인과 집주인(임대인)이 같이 짜고 치는 사기로 여러 사람의 임차인과 중복해서 계약하는 사기를 말한다. 계약금만 받고 잠적하는 사례인데, 사실상 중개인과 임대인이 작정하고 짜고 치는 중복 계약은 피할 수 없다. 보통 전세나 월세 계약은 계약서에 확정 일자를 받으면서 선순위 권리를 획득하는데, 확정 일자는 등기부 등본에 나오지 않는다. 기존 임차인이 있는지 또 확정 일자 존재 여부를 확인하려면 주민 센터에 확정 일자 부여 현황을 열람해야 하는데, 우리나라 현행법상 제3자는 확정 일자 부

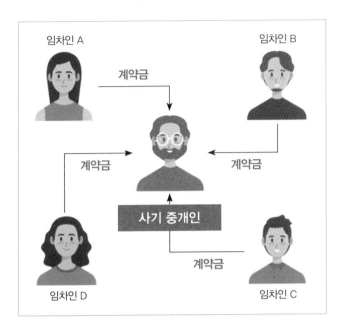

여 현황 열람을 할 수 없다. 계약 후 계약서를 근거로 열람할 수 있는데, 이미 계약금이 지급된 상황이므로 사기를 당해도 아무 소용이 없다.

그래서 집주인과 중개인이 마음먹고 사기를 치면 당할 수밖에 없다. 따라서 이런 중복 전세 사기를 예방하기 위해서는 돌다리도 두들겨 보고 건넌다는 심정으로 임차 물건을 확인해야 한다. 먼저 시세보다 20~30% 싼 매물은 한 번쯤 의심해 봐야 하며, 최대한

• 국가 공간 정보 포털 중개인 자격 여부 확인 •

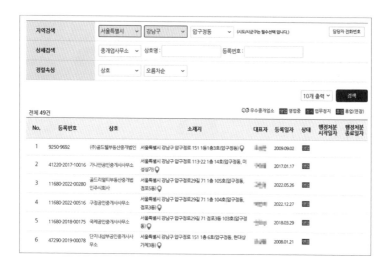

계약일과 잔금일의 시차를 짧게 해야 한다. 이는 내가 계약하고 잔금을 치른 다음 입주하기 전에 새로운 임차인을 찾지 못하도록 시차를 짧게 함으로써 중복 계약을 최대한 피하는 방법이다. 그리고 공인 중개인이 실제 자격증을 가진 사람이 맞는지 '국가 공간 정보 포털'에서 자격 여부를 확인해야 한다.

국가 공간 정보 포털 사이트에서는 지역별 공인 중개사 등록 여부를 조회할 수 있다. 중개 사무소의 사업자 번호나 정확한 명칭을 모르더라도 지역별로 등록된 모든 중개 사무소를 조회할 수 있다. 보통 중복 계약 사기는 공인 중개사 자격증이 없는 무자격 중개사가 개입되는 경우가 많으니 자격 여부를 반드시 확인해야 한다.

두 번째 주요 사기 수법인 깡통 전세의 경우 빌라왕 사건과 같은 방법으로 주로 신혼부부를 대상으로 신축 빌라에서 자주 쓰이는 수법이다. 신축 빌라를 선호하며 사회 경험이 적은 신혼부부를 상대로 하는 전세 사기로, 신축 빌라는 기존 전세가나 매매가가 없기 때문에 시세 확인이 어렵다는 점을 노린 것이다. 신축 빌라 깡통 전세 사기 수법은 다음과 같다.

건축주는 빌라를 건축하고 나서 브로커를 고용해 대출금 이자 및 가전과 가구, 그리고 시스템 에어컨을 지원하는 등 달콤한 유혹으로 시세보다 비싸게 전세를 계약하도록 유도한다. 그렇게 높은 전세가로 계약이 체결되면 건축주는 해당 빌라를 갭 투자자인 제3자에게 매도한다. 이미 높은 전세가로 계약됐기 때문에 소액의 갭으로 빌라를 매수할 수 있어 갭 투자자들이 선호하는 물건이다. 하지만 세입자의 입장은 다르다. 세입자는 다소 비싼 전세를 계약하더라도 건축주의 신용을 바탕으로 향후 전세금을 돌려받을 수 있을 거라 믿고 계약을 했을 것이다. 하지만 자금력이 떨어지는 갭 투자자에게 빌라가 매도되면서 이 신뢰는 무용지물이 된다. 그리고 전세금 반환 시점이 도래한 때에 지금처럼 빌라 가격이 내려간 상황이라면, 전세가가 매매가보다 높은 깡통 전세로서 빌라를 처분해도 전세금을 받지 못하는 상황에 놓이게 된다.

깡통 전세를 피하기 위한 예방 및 대책은 딱 한 가지다. 전세가율이 높은 매물은 반드시 피해야 한다. 전세가율이란 주택 매매가격 대비 전세 가격의 비율을 말한다. 가령 빌라 매매 가격이 1억 원인데 전세가가 8,000만 원이면 전세가율은 80%다. 보통 주택이 경매로 넘어가면 경매에 소요되는 비용 및 유찰을 감안해 최소 전세가율이 70~80%는 되어야 원금을 보전할 수 있다. 만약 전세가율이 90%라면 경매로 집이 넘어갈 경우 1순위 권리자(확정 일자 + 전입 신고)라고 하더라도 원금 보전이 어려울 수 있다. 특히 지금처럼 빌라 가격이 속절없이 빠지는 시점에서는 전세가율 70~80%도 위태위태하다. 가령 매매가 3억 원 상당의 빌라에 전세 2억 원으로 임차했는데, 빌라 가격이 떨어져 2억 원이 되면 졸지에 전세가율은 66.6%에서 100%로 올라간다.

깡통 전세를 피하기 위해선 빌라 매매가를 반드시 확인해야 한다. 아파트의 경우 같은 단지 내 거래량이 많기 때문에 가격 확인이 비교적 쉽지만, 빌라의 경우 매매 거래가 드물거나 거의 없는 경우가 있다. 따라서 그 지역에 있는 비슷한 평수의 다른 빌라 매매 가격을 확인해 보는 게 좋다.

국토부 '실거래가 공개 시스템'을 통해 연립/다세대(빌라) 시세를 조회할 수 있다. 해당 지역 인근의 연립 주택이나 다세대 빌라의 매매가가 나오는데, 빌라의 경우 동일한 지역의 비슷한 평수와

연식이라면 매매가 차이가 크지 않기 때문에 인근 지역의 빌라 매매가를 확인해서 내 전세가율이 높은지 낮은지 확인할 수 있다.

마지막으로 드물지만, 공인 중개사 간 자전 거래로 전세금을 부풀려 깡통 전세가 발생하는 사례가 있다. 이 경우 국토부 실거래가 공개 시스템으로 매매가를 확인해도 깡통 전세를 막기 어렵다. 자전 거래로 인해 올라간 매매 가격이 국토부 시스템에 등록되기 때문에 실거래가 공개 시스템을 봐도 당할 수 있다. 가령 실거래가가 3억 원이 찍혀 있어서 매매 가격을 3억 원이라 생각하고 2억 원에 빌라 전세를 계약했는데, 알고 보니 실제로는 2억 원인 매물이고, 자전 거래로 3억 원에 등록된 사례라면 전세가율 100%로 깡통 전세를 계약하는 셈이 된다. 이런 사기를 예방하려면 같은 지역의 다수의 공인 중개사에게 매물을 물어보고 집을 구하러 다녀야 한다. 절대 한 명의 공인 중개사에게만 의존해서 집을 구해선 안 된다.

전세 보증 보험

빌라왕, 전세 사기 등이 기승을 부리면서 2022년 1~9월까지 누적 보증 사고(전세금 미지급) 건수가 3,050건을 돌파했다. 연간 기준 역대 최고 건수가 2,799건임을 감안하면 상당히 많은 보증금 미반환 사고가 있었음을 알 수 있고, 앞으로 금리 및 경기 침체 상황을 감안하면 더 늘어날 것으로 보인다. 그래서 전세 보증금을 지키고자 전세 보증 보험에 가입하는데, 사실 전세 보증 보험에 가입한다고 해도 모든 전세금을 다 돌려받는 건 아니다.

전세 보증 보험에 따른 전세금 반환 절차는 생각보다 까다롭다. 기본적으로 전세 보증 보험이란 전세 계약이 끝났음에도 불구하고 새로운 전세 세입자를 구하지 못하거나, 전세가가 떨어져 집주인이 기존 세입자에게 전세금을 돌려주지 못하는 경우 '보증 기관'이 대신 돌려주고 구상권을 청구하는 것을 말한다. 사실 전세 보증 보험은 운영사 입장에선 가입 비용(보험료) 대비 수익성이 적고 리스크가 크기 때문에 보증 보험은 공적 기관인 주택도시보증공사

(HUG)와 주택금융공사(HF)에서 운영하고 있다.

그런데, 주택도시보증공사나 주택금융공사 사이트에 들어가 보면 가입 절차는 매우 상세하게 나와 있지만, 정작 중요한 반환 절차에 대해서는 잘 나와 있지 않다. 주택도시보증공사나 주택금융공사에서는 '보증 사고'가 발생할 경우 전세금을 대신 지급해 주는데, 운영사가 말하는 보증 사고는 크게 두 가지로 나눈다. 첫째로 전세 계약이 종료된 후 정당한 사유 없이 임대인이 전세 보증금을 지급하지 않았을 경우이고, 두 번째는 전셋집이 경매나 공매로 넘어간 경우인데, 대부분의 임차인은 첫 번째 사례에 대비하기 위해 전세보증보험에 가입할 것이다.

그런데 보증금 미반환 건으로 보증 보험 실행을 청구하려면 반드시 '임차권 등기'를 먼저 설정해야 한다. 주택도시보증공사 약관을 찾아보면 '주택 임차권 등기 명령을 마친 후 이행 청구하여야 한다'라고 명시되어 있다. 즉, 임대차 기간이 종료되고 돈을 못 받았다고 다짜고짜 신청해서 보증금을 받는 게 아니라 법원에 임차권 등기 명령을 신청하고, 명령이 떨어져야만 주택도시보증공사로부터 보증금을 받을 수 있다.

임차권 등기 명령이란 대항력을 유지하기 위한 장치로 일종의 임대차 업계의 빨간 줄로 불린다. 일단 등기를 치게 되면 등기부 등본에 기록이 남고 이 내역만 보면 임대인이 악덕 임대인인지 아닌지 알 수 있다. 임대차 계약의 빨간 줄인 만큼 쉽게 설정할 수 있는 건 아니다. 임차권 등기는 관할 주민 센터에 신고하는 게 아니라 관할 법원에 신청해야 한다. 물론 별도의 변론 기일이 열려 직접 참석해야 되는 건 아니지만, 법원에서 심리를 열어 판단하며 혹시 제출 서류 중 일부가 미비한 경우 다시 신청해야 하는 등 절차가 까다롭다. 그래서 법무사를 통해 임차권 등기를 하는 경우도 많다.

간혹 임차권 등기 이후에는 무조건 집을 비워 줘야 한다고 생각하는 임차인분들도 있는데, 임차권 등기 이후에도 집을 비우지 않고 사용·수익할 수 있다. 임차권 등기라는 제도가 이사를 가더라도 대항력을 유지하기 위해 만들어진 제도이다 보니 '이사'를 전제로 한다고 잘못 알려진 탓이다. 다만 임차권 등기 이후 이사를 가지 않고 계속 거주하는 경우 지연 이자 12%는 청구할 수 없다. 부득이 이사해야 하는 경우 임차권 등기 후에 가야 하고, 보증금과 함께 지연 이자 연 12%를 신청할 수 있으며, 단순히 전세 보증금을 반환받기 위한 절차 진행이 목적이라면 그냥 거주하면 된다.

임차권 등기 명령이 다소 까다롭기 때문에 전세 보증 보험을 가입했다고 해서 무조건 전세금이 보장되는 것은 아니지만, 그래도 임차권 등기가 설정되어 있다면 전세금을 돌려받을 수 있는 여지가 많으므로 요즘 같은 시대에는 전세 계약 직후 바로 가입하는 게 좋다.

04 빈 수레가 요란하다, GTX

아마도 부동산 투자에 관심이 있는 사람이라면 'GTX'라는 말을 귀가 따갑게 들었을 것이다. 그런데 생각 외로 GTX에 대해 자세히 모르는 사람들이 많다. 수십 또는 수백 번은 더 들었지만 정작 착공 및 완공 시기, 그리고 현재 진행 상황이나 표정 속도, 운임 등에 대해 자세히 알아보지 않고 투자하는 사람들이 꽤 많다는 말이다.

GTX란 수도권 외곽과 서울 주요 도심을 연결하는 수도권 광역급행 철도로 2007년 경기도가 정부에 제안하면서 추진됐다. 지하 40~50m 구간을 활용해 노선을 직선화함으로써 최대 200km/h의 속도로 운행하는 광역 교통수단인데, 실제 표정 속도[운행 거리/소요 시간(정차 시간 포함)]는 100km/h로 알려져 있다. 참고로 지하철의 표정 속도가 평균 30~50km/h임을 감안하면 적게는 2배에서 많게는 3배 가까이 빠른 속도이며, KTX의 표정 속도인 140~180km/h와 비교해도 결코 느린 속도가 아니다.

빠른 속도로 경기도 외곽과 서울 주요 도심을 이어 주는 교통수단인 만큼 파급 효과가 큰 건 맞는 말이다. 하지만 현재 공정은 예상만큼 빨리 진행되지 않고 있으며, 운임 부분 역시 부담스러운 게 사실이다.

A 노선 너마저

현재 가시화된 GTX는 A, B, C 3개의 노선인데, 그중 진행 속도가 가장 빠른 A 노선부터 살펴보자. GTX-A 노선은 민자 구간과 재정 구간으로 나뉘어 있다. 운정~삼성까지는 민자 구간으로 컨소시엄에서 2019년 6월에 착공했고, 삼성~동탄 구간은 국가 재정 사업으로 이미 2016년 10월부터 착공에 들어갔다. 공기가 60개월이니, 정상적으로 진행된다면 정부의 목표대로 2024년 6월에 완공되어 개통될 예정이다(참고로 완공되어도 영동대로 지하화 및 복합 환승 센터가 2028년에 완공됨에 따라 삼성역은 무정차한다). 특히, 국토교통부에서는 2022년 7월에 GTX 추진단을 발족시켜 재정 구간(수서~동탄)은 2023년 12월, 민자 구간(파주~삼성)은 2024년 6월에

단독
"청담동 GTX-A 노선 터널 공사 후 벽이 갈라졌다"

[단독] GTX-A 5공구 공사 무기한 ~~

'~~ 제 속도 못내는 GTX 공사, 현장 사고·유물·지질 등 돌발 변수

— ㄹ GTX 공사로 청담동 피해 속출

조기 개통될 수 있도록 TF까지 구성했다. 그런데 과연 정상 개통이 가능할까?

GTX-A 노선은 6개 공구에서 동시에 공사가 진행되고 있고, 총 공사 기간은 60개월(5년)이다. 2019년 6월부터 2022년 8월까지 38개월간 공사 진척도(공정률)는 40%다. 단순하게 산술적으로 따져도 2024년 6월까지 완공은 어려워 보인다. 현재 속도라면 2026년 하반기는 되어야 완공이 될 텐데, 이처럼 GTX 공사가 지연되는 데는 여러 가지 이유가 있다.

2020년 5공구(서울역)에서 발견된 조선 전기 유물 등 유적지 이슈도 있었고, 지상 주민들의 민원도 한몫했다. 게다가 지상으로 올라오는 환기구(수직구) 지상 부지를 매입해야 하는데, 이를 매입하는 데도 시간이 소요되다 보니 공기가 지체될 수밖에 없다.

기술적인 측면에서 보더라도 조기 공사는 쉽지 않다. GTX-A 노

선은 전체 42km 구간 중 37km를 전통적인 발파 및 굴착 방식인 나틈(NATM) 공법을 활용하지만, 도심 지역인 5공구 일대 경복궁~서울역 구간은 저진동 시공법인 그리퍼(Gripper) TBM 공법으로 진행되고, 한강 구역은 쉴드(Shield) TBM 공법으로 진행된다. 즉, 5공구와 한강 구역의 경우 안전상의 문제로 공기를 앞당기기 어렵다. 그러면 대부분의 구간에서 시행되는 나틈 공법 구간에서 공기를 앞당겨야 하는데, GTX 노선 특성상 공기를 앞당기기 쉽지 않다는 게 전문가들의 의견이다. GTX 공사는 지하 50m 구간에서 이뤄지므로 일반적인 지상의 시공 사업처럼 돌관공사(인력을 집중적으로 투입해 완공 시기를 앞당기는 공사)를 하기 어려운 구조다. 지하 공간의 특성상 투입될 수 있는 장비와 인력이 한정적일 뿐만 아니라 지하 50m 구간에서 발파 및 착굴하는 작업은 우리나라의 건설 역사상 유례없던 공사이다 보니 조심스러울 수밖에 없다.

더구나 GTX-A 노선 공사는 정해진 예산 범위 내에서 진행되는 국책 사업이므로 돌관공사를 위한 추가 비용을 누가 부담할 것인가의 문제도 발생한다. 만약 국토교통부에서 개통 시기를 앞당기기 위해 비용을 추가해야 한다면 추가 예산에 대한 절차에 시간이 소요되므로 그마저도 쉽지 않다.

GTX 운임 문제

2017년 당시 신한은행 컨소시엄에서 제시한 동탄~삼성 구간의 GTX-A 노선 운임은 편도 3,715원이다. 하지만 이는 2017년 당시 물가 기준으로 책정한 가격이고, 실시 협약에 따라 신한은행 컨소시엄과 협의해서 조정될 예정이다. 게다가 박상혁 더불어민주당 의원실에서 GTX 사업자로부터 받은 자료를 토대로 계산한 운임은 2021년 말 기준 4,350원이었다. 2017년도 기준 3,715원에서 2019년에는 3,900원으로 인상됐고, 2021년 말에는 4,350원까지 운임이 올랐다.

물가 상승으로 인해 4년간 3,715원에서 4,350원까지 약 17%가량 올랐다. 버스 및 지하철 환승을 제외하고 순수 요금만 동탄~삼성역까지 왕복 8,700원 수준인데, 이조차도 개통 예정인 2024년엔 더 오를 전망이다. 물론 개통이 늦어지면 그만큼 운임은 더 오를 것이다. 아무튼 2022년부터 GTX 통행료가 비싸다며 언론에 보도되기 시작하자 국토교통부에서는 수도권 통합 환승 할인제를 적용할 예정이라며 민심 달래기에 나섰다. 정부 시뮬레이션에 따르면 가장 많이 이용할 것으로 예상되는 동탄 신도시 → 동탄역 → 수서역 → 강남 루트를 기존 버스와 GTX, 그리고 지하철까지 모두 이용했을 때 편도 통행료는 4,500원이다. 최초 버스를 탈 때만 기본 운임인 1,450원을 적용하고 GTX와 지하철은 거리별 운임만 붙일 경우 2022년 기준 왕복 9천 원이다. 그런데 이는 2022년 기준이고, 개통되는 2024년 시점의 물가 상승률을 감안하면 1만 원이 넘을 것으로 보인다.

물론 KTX와 비교하면 요금은 상대적으로 저렴하다고 볼 수 있다. 수서~동탄 간 왕복 KTX 요금이 15,000원이니, 여기에 강남권까지 가는 버스나 지하철 요금까지 감안하면 KTX보다 GTX가 저렴한 편이다. 하지만 GTX 수익성 이슈로 기본 운임이 상승할 여지도 있기 때문에 개통 시점 때 운임 부분은 다시 체크해야 할 필요가 있다.

부의
지식
사전

자동차세 연납 할인

'세금, 까짓것'이라고 생각하면 큰 오산이다. 재산을 가지고 있으면 보유세를 내야 하고, 소득이 있으면 소득세를 내야 한다. 특히나 직장인의 경우 절세는 '하늘의 별 따기'라고 해도 과언이 아닐 정도로 세금을 아끼기 어렵다. 그런데 자동차세의 경우 연납하게 되면 할인을 적용해준다. 예전에는 10%였지만, 2023년에는 7%로 줄었고, 2024년은 5%, 2025년에는 3%로 줄어들 예정이지만, 최근 더불어민주당에서 연납 공제율을 연 세액의 10%로 상향하는 방안도 추진 중이어서 다시 10%로 올라갈 여지도 있다.

자동차세는 1년에 2차례 납부하는데, 과세기준일은 6월 1일과 12월 1일이다. 해당일에 자동차를 소유하고 있다면 세금을 납부해야 한다. 가령 6월 2일 자동차를 구매했다면 상반기 자동차세는 0원이고, 만약 그 차를 11월 31일에 처분했다면 하반기 세금도 없다. 연납해서 1년치를 한꺼번에 납부했는데 차를 과세기간 이전에 처분했다면 해당 기간만큼 일할 계산해서 세금을 환급받을 수 있으니, 한푼이라도 세금을 아끼려면 연납하는 게 가장 유리하다. 연납은 1월, 3월, 6월, 9월 각 1~15일 사이에 신청할 수 있으니, 시기를 놓쳤다면 다음 연납 할인 시기에 맞춰 신청하면 된다.

간혹 차량가액이 비싸거나, 외제 차의 경우 자동차세가 비싸다고 오해하는 경우가 있는데 자동차세는 오로지 배기량(CC)에 따라 납부하게 된다. 2,500CC를 초과할 경우 교육세 포함 CC당 260원을 납부해야 한다. 가령 배기량이 큰 제네시스 G90(3,470CC)의 경우 약 90만 원 정도고, 배기량이 작은 아반떼(1,598CC)는 CC당 140원이 적용되어 29만 원 정도 된다. 연납 할인의 경우 비율로 할인이 적용되어 배기량이 높은 차량일수록 할인 금액이 올라가므로, 배기량이 높은 차량은 꼭 연납 할인을 챙겼으면 한다.

PART 3
주식
STOCK

'왜 이러는 걸까?' 이건 정말 트루먼 쇼도 아니고 누가 내 MTS를 보고 있는 것도 아닌데, 내 매수가 주가 하락의 사인이라도 되는 것처럼 왜 내가 사기만 하면 떨어질까? 반대로 내가 팔면 기다렸다는 듯이 상승하는데, 왜 그럴까?

개미가 돈 벌기 어려운 4가지 이유

체급

개미가 돈을 벌기 어려운 이유에는 여러 가지가 있지만, 그중에서 가장 큰 이유는 체급이다. 모든 스포츠는 남녀 경기가 구분되어 있고, 체급이라는 게 있다. 육상에서 남자 하위권 선수가 여자 체급으로 가면 시쳇말로 웬만한 최상위권은 씹어 먹는다. 격투기도 마찬가지다. 체급이 깡패라고 UFC는 철저히 체급을 나눠서 경기를 진행한다. 체급이 비슷해야 경기도 재미있고 게임 진행도 자연스럽다. 그런데 주식은 일종의 무제한급 매치다. 내가 어제 산 주식이 워런 버핏의 매도 물량일 수도 있고, 내가 오늘 판 주식을 피터 린치가 매수했을 수도 있다. 수많은 기관과 외국인 투자자, 그리고 국내 유수의 펀드 매니저들의 싸움에서 개미들은 오늘도 피터지게 얻어맞고 있는 게 현실이다.

설거지

내가 지인에게 얻은 그 정보는 쓰레기다. 내가 알 정도면 이미 모든 외인-기관 투자자는 다 아는 정보다. 그래서 이미 그 호재는 주가에 반영되어 있다. 그것도 모르고 매수한 개미는 해당 호재가 현실화되었음에도 불구하고 주가가 떨어지는 상황에 어리둥절하며 말한다.

"뭐야, 진짜였는데 왜 주가가 떨어져?"

매수 타이밍

떨어지는 칼날을 잡으면 열에 아홉은 칼날에 손을 베인다. 정말 운이 좋아서 칼자루를 잡는다면 모를까! 내 소중한 투자금을 운에 맡기기엔 리스크가 너무 크다. 그런데도 많은 개미들이 종목에 대한 공부도 없이 그저 남들 곡소리 듣고 싸다고 들어가는 경우가 많다. 그러나 바닥이라고 해서 들어갔다가 지하 2층, 지하 3층을 맛볼 수 있다.

매도 타이밍

가치 투자를 지향하는 개미는 주식을 매집하면서 텐베거 (tenbagger)를 꿈꾸지만, 실상은 4~5%만 올라도 이내 익절해 버린다. 종목에 대한 믿음이 부족하다기보다는 떨어지면 더 사고 싶은 욕심에 이런 실수를 범한다. 그나마 떨어질 때 줍고 오를 때 파는 '떨줍올팔'만 해도 손해는 안 보니 다행이다. 문제는 하락할 때인데, 2~3% 하락했을 땐 버티다가 10% 이상 크게 하락하면 이내 버티지 못하고 팔아 버리는 개미가 많다. 개미가 가진 유일한 무기는 '시간'임에도 불구하고 무기를 잘 활용하지 못한다. 물론 '존버'가 답이 아닌 경우도 있지만, 내가 제대로 공부하고 투자한 기업의 펀더멘털(Fundamental)이 흔들리지 않는 한 일시적인 하락에 동요하지 않고 떨어질 때마다 분할 매수한다면 결국 반등하는 시점에는 이익을 낼 수 있다.

이 회사는 얼마짜리인가?

주식… 참 어렵다. 실적도 좋고, 호재가 기사화됐음에도 불구하고 주가가 흘러내리는 황당한 경험을 한 적이 한두 번이 아니다. 특히 실적 발표가 줄을 잇는 어닝 시즌(earning season) 때 유독 선반영이라는 마법의 단어가 자주 등장한다. 아무리 향후 실적이 더 늘어날 것으로 보여도 이미 현재 주가에 반영되어 있다면 실적 발표가 나더라도 투자 매력은 떨어져 주가는 하락한다.

· PER, PBR, ROE 삼각 구조도 ·

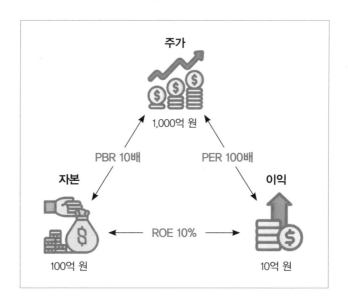

그러면 우리는 그 회사의 적정 가격이 얼마인지 어떻게 알 수 있을까?

회사의 적정 가치를 알기 위해선 최소한 PER, PBR, ROE 개념은 반드시 알고 있어야 한다. 기업이 벌어들이는 수익 대비 주가가 얼마인지(PER), 기업의 자산 대비 주가가 얼마인지(PBR), 투입하는 자본 대비 얼마나 이익을 창출하고 있는지(ROE)는 기본적으로 알고 투자해야 한다.

PER

PER는 'Price Earning Ratio'로 주가 수익 비율이라 부르는데, 계산식은 [주가/1주당 당기 순이익]이다. 즉, 기업의 1주당 주식 가격이 기업의 수익 대비 몇 배인지 보는 지표로 PER가 높다는 말은 주식 가격이 수익에 비해 높다(비싸다)는 뜻이며, PER가 낮다는 말은 주식 가격이 수익에 비해 낮다(싸다)는 뜻이다.

동일한 업종의 경쟁 회사 A, B를 가정해 보자. 둘 다 주가는 2만 원인데, A 회사의 1주당 순이익은 2천 원이고 B 회사는 4천 원이라면 주가 대비 주당 순이익이 높은 B회사가 A 회사보다 가격적인 메리트가 있음을 확인할 수 있다. 벌어들이는 돈은 B 회사가 2배나 많은데, 주가는 똑같으니 상대적으로 저평가된 주식으로 볼 수 있는 셈이다. 단, PER에는 미래 성장 가치가 반영되지 않기 때문에

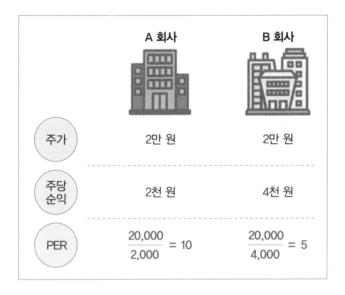

• PER 비교표 •

	A 회사	B 회사
주가	2만 원	2만 원
주당 순익	2천 원	4천 원
PER	$\frac{20,000}{2,000} = 10$	$\frac{20,000}{4,000} = 5$

성장성이 높은 업종(IT, 헬스 케어, 핀테크 등)에 적용하기엔 무리가 있다. 이런 업종의 PER는 수십, 수백 배에 달하기 때문에 절대적인 지표보다는 업계 평균을 참고해서 상대적으로 높은지 낮은지를 가늠해야 한다.

PBR

PBR은 'Price on Book-value Ratio'로 주당 순자산 비율을 뜻한다. 한 주당 순자산(자본금+자본 잉여금+이익 잉여금)으로 PER와 마찬가지로 낮을수록 저평가됐다고 볼 수 있다. PBR이 낮다는 건 주식 가격 대비 순자산의 비중이 높다는 뜻이기 때문이다, 쉽게 말해 PBR이 1이라면, 회사가 사업을 접고 청산해도 회사의 자산으로 모든 주주에게 보상해 줄 수 있다는 말이다.

[주가/1주당 순자산]이므로 주가가 오르거나 순자산이 작아지면 PBR이 올라가고, 반대로 주가가 떨어지거나 순자산이 많아지면 PBR이 낮아진다. 전체 코스피의 경우 0.9~1.3 사이에서 평균 PBR을 형성한다. 역대 대한민국 최악의 경제 위기이자 코스피 하락장이었던 IMF 당시 코스피 PBR은 0.42배였고, 그 후 최악의 시기였던 2001년도 IT버블 때는 0.69배였다. 그리고 2003년 신용 카드 사태 당시 PBR은 0.79~0.84 정도였는데, 이런 특수한 상황을 제외하면 보통은 평균적으로 0.9~1.2에서 움직였으며, 코스피가 정점이었던 2021년 양적 완화 이후의 PBR은 1.14~1.16까지 올랐다.

현재 경기 침체로 코스피가 크게 하락했는데, 현시점이 과연 저평가된 구간인지 아닌지는 코스피 전체 PBR을 통해 유추할 수 있다. 코스피가 2,200p까지 쪼그라들었던 2022년 하반기~2023년 1월 초 기준 코스피 평균 PBR은 0.84로 1배 이하이니 저평가된 구간으로 볼 수 있다. 기업 실적 확대로 순자산은 늘었지만, 금리인상으로 투자금이 유출되면서 지수가 하락한 상황으로, PBR만 놓고 보면 저평가 구간으로 볼 수 있다.

ROE

PER이나 PBR과 달리 ROE(Return On Equity)는 높으면 높을수록 좋은 지표다. 투입한 자본 대비 얼마만큼의 이익을 냈는지에 대한 비율로 효율성의 척도이기 때문이다. ROE의 계산식은 [ROE= 당기 순이익/자기 자본×100]으로 당기 순이익은 원가와 각종 비용을 제외하고 거기에 법인세까지 차감한 말 그대로 순수한 이익이며, 자기 자본은 자본금(회사 설립 시 투자 금액)+이익 잉여금(회사 설립 후 회사가 벌어들인 돈)을 합한 금액을 말한다.

워런 버핏의 투자 원칙 중 하나가 바로 'ROE가 15% 이상인 기업에 투자하는 것'이다. 이렇듯 가치 투자의 대가인 워런 버핏은 ROE를 중요한 투자 지표로 삼고 있다. 그 이유는 높은 ROE를 유지한다는 것은 '매년 당기 순이익이 늘어난다'라는 말과 일맥상통하기 때문이다. 지난해의 이익은 이익 잉여금으로 다음 해의 자기 자본에 반영되므로 ROE를 유지하려면 더 많은 순이익을 남겨야 한다. 그래서 높은 ROE를 유지한다는 건 이익이 계속 늘어나며 지속적으로 성장하는 기업임을 증명하는 것과 다름없다.

2020년도에 창업한 A 회사의 자본이 10억 원, 당기 순이익이 1.5억 원이라고 가정해 보자. 2020년 기준 A 회사의 ROE는 15%다. 그런데 이 회사는 흑자를 내는 회사이므로 이익 잉여금이 발생하기 마련이다. 가령 2020년도에 당기 순이익 중 1억 원을 R&D에 투

A 회사	2020년	2021년	2022년
자기 자본	10억 원	10.5억 원	11억 원
당기 순익	1.5억 원	1.575억 원	1.65억 원
ROE	15%	15%	15%

자하거나 원료 구매를 위해 사용하고 남은 이익 잉여금이 5천만 원이라고 하면, 2021년도의 자기 자본은 10.5억 원이 된다. 따라서 2021년에도 15%의 ROE를 유지하려면 당기 순이익은 전년 대비 750만 원이 더 늘어야 하며, 동일한 조건을 가정할 때 2022년에도 ROE 15%를 유지하려면 연간 1.65억 원의 당기 순이익을 창출해야 한다. 즉, 높은 ROE를 유지하는 것만으로도 이 기업은 계속해서 수익을 내며 더 큰돈을 벌어들인다는 뜻이다.

계란과 바구니, 그리고 시점

주식 투자 명언 중에 '계란을 한 바구니에 담지 말라'는 말이 있다. 이건 주식을 하지 않는 사람들도 다 아는 유명한 말이다. 뭐, 맞는 말이다. 그러니까 동서고금을 막론하고 통하는 명언이 되지 않았을까? 하지만 개인적으로 '계란을 너무 많은 바구니에 담는 건 한 바구니에 담는 것 못지않게 위험하다'고 생각한다.

주식의 경우 투자 종목은 최소화하고 내가 잘 아는 기업에 투자하는 게 맞다고 생각한다. 수십 개의 종목을 분석하고 공부해 투자할 능력이 된다면 그만큼 많은 계란 바구니를 준비하면 좋겠지만, 능력이 부족하다면 계란 바구니 4~5개 정도면 충분하다고 생각한다.

사실 바구니 숫자보다 더 중요한 건 바구니에 담는 시점이다. 삼성전자의 전고점은 2021년 1월 기준 96,000원이었다. 만약 투자시드가 천만 원인 사람이 96,000원에 몰빵했을 때와 분할 매집했을 때를 비교해 보자.

예를 들어 전체 투자금 1천만 원으로 삼성전자 주식을 매수한다고 가정해 보자. 200만 원씩 5차례 분할 매수로 접근한다고 했을 때, 96,000원에서 52,000원까지 주가가 빠지더라도 내 평단은 66,010원까지 낮출 수 있다. 만약 현재 주가가 52,000원이라고

매수 차수	투자금	매수 단가(주가)	매수량
1차	2,000,000	96,000	21
2차	2,000,000	82,000	24
3차	2,000,000	65,000	31
4차	2,000,000	54,000	37
5차	2,000,000	52,000	38
누계	10,000,000	66,010	151

가정하고 전고점에서 전부 매수했다면 수익률은 -45.8%지만, 분할 매수를 했다면 평단은 66,010원이고 -21%인 셈이다. 극단적인 예라서 분할 매수해도 -21%지만, 분할 매수로 접근하면 하락분의 50%만 반등해도 본전은 찾을 수 있다.

기울어진 운동장

공매도란 말 그대로 '없는 주식을 판다'라는 뜻으로 외국인이나 기관 투자자가 서로 주식을 빌려서 사고파는 행위를 말한다.

예를 들어 외국인 투자자 A가 주가 1만 원의 C 주식이 하락할 것이라 예상하고 기관 B에게 C 주식 1천 주를 빌려서 공매도를 했다고 가정해 보자. 투자자 A는 공매도로 1천만 원의 현금을 벌었다. 그런데 한 달 뒤 C 회사 주가가 8천 원으로 하락할 경우 투자자 A는 그때 다시 1천 주(800만 원)를 사서 기관 B에게 갚으면 수수료 몇 푼으로 앉은 자리에서 200만 원을 벌게 된다.

공매도 세력은 이렇게 주식 하락을 유도하여 돈을 번다. 그렇다면 기관 B는 왜 투자자 A에게 주식을 대차해 줄까? C 회사의 주가가 하락할 것 같으면 본인이 팔고 나중에 오르면 다시 사면 되지 않을까?

주식을 빌려주는 기관 B는 쉽게 주식을 사고팔지 않기 때문이다. 쉽게 말해 하락하든 상승하든 매매할 생각이 없으니, 수수료라도 받자는 심산으로 주식을 대차해 준다. 보통 주식을 대여해 주는 곳은 연기금을 필두로 한 기관이나 증권사인데, 이들은 본인들의 포트폴리오상 비중(부동산&주식&채권 등)을 정해 놓고 움직이므로 주식이 잠깐 올랐다고 팔거나 떨어졌다고 매수하지 않는다. 떨어진 주식은 장기적으로 다시 오르내림을 반복하겠지만, 당장의 하락은 기관 B에게 아무런 의미가 없기 때문에 수수료 수익을 위해 주식을 대차해 주는 것이다.

하락에 베팅하는 투자자 A도 이익이고, 수수료를 받는 기관 B도 이익이기 때문에 공매도 제도는 계속 유지되고 있다. 심지어 증권사에서는 고객들이 맡긴 주식을 공매도에 활용하고 수수료로 부

· 공매도 ·

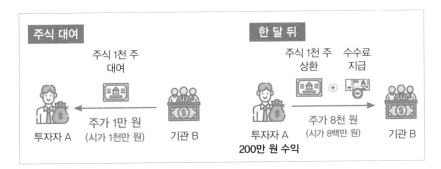

수입을 올린다. 아마 증권사에서 계좌를 개설하고, 펀드에 가입할 때 나도 모르게 서명한 서류 안에 주식 대차 서비스에 가입한다는 문구도 있었을 것이다. 참 아이러니한 게 내 주식이 대차에 활용되고, 그것 때문에 주가가 하락한다니… 그래서 일부 투자자들은 증권사에 전화해 주식 대차 서비스 해지를 요구하기도 한다.

대차 거래와 관련된 이슈의 90%는 부정적인 것들이다. 실제로 최근 코스피 하락에 공매도가 한몫하고 있는 게 현실이다. 그래서 개미들은 늘 공매도 금지를 외치고 있고, 우리 정부도 코스피가 하락할 때면 어김없이 공매도를 한시적으로 금지했다. 2008년 금융위기 당시 처음 공매도를 금지했고, 유럽 재정 위기로 세계 경제가 출렁였던 2011년, 그리고 코로나로 단기 폭락했던 2020년에도 공매도를 한시적으로 금지했다.

공매도의 장점과 단점

공매도는 우리나라뿐만 아니라 글로벌 표준으로 주식 시장에서 제도로 활용되고 있다. 해외 선진국은 모두 도입하고 있으며, 아시아 국가 중 일본이나 홍콩도 자유롭게 공매도를 허용하고 있다. 물론 규제가 덜하다고 해서 불법 공매도에 관대하다는 뜻은 아니다. 이들 국가의 불법 공매도에 대한 처벌 규정은 우리나라보다 훨씬 엄격하다.

해외 자본은 예전부터 한국의 공매도 전면 허용을 요구해 왔다. 단적인 예로 코스피가 MSCI(모건스탠리 인덱스)에서 선진국 지수에 편입하기 위한 조건으로 규제 없는 공매도 전면 시행을 걸기도 했다. 참고로 한국은 아직 MSCI의 선진국 지수에 편입되지 못했다. MSCI에서 코스피는 신흥국 지수에 머물러 있는데, 글로벌 투자사의 패시브 자금은 MSCI 지수에 따라 자금을 배분하기 때문에 한국의 코스피가 선진국 지수에 편입되면 그만큼 패시브 자금이 유입되어 지수가 오를 가능성이 높다. 이 때문에 금융 당국은 MSCI 선진국 지수 편입에 사활을 걸고 있다.

왜 금융 선진국은 공매도 제도를 적극 이용하고 있으며, 우리나라에 공매도 전면 허용을 요구할까?

공매도의 가장 큰 장점은 시장의 효율성 증대와 버블 방지다. 기본적으로 주식 시장은 투기적인 성격이 강하다. 합리적으로 투자하기보다는 '테마'나 '재료' 등에 의해 주가가 움직이며, 변동 제한 폭까지 치솟는 경우가 많다. 공매도는 이런 시장의 버블을 예방하는 효과가 있다. 만약 특정 회사가 비정상적으로 폭등할 경우 이 회사는 공매도의 타깃이 된다. 공매도를 통해 실적 없이 폭등하는 주식의 거품을 제거함으로써 주식 시장이 투기의 장이 되는 것을 예방할 수 있다. 마치 견제와 균형처럼 시장이 효율적으로 운영될 수 있도록 순기능을 발휘한다.

반면 단점도 많다. 대차한 주식을 다시 갚아야 하는데 못 갚는 경우도 있고, 시장 불안을 가속화해 정상적인 기업의 주가 하락을 유도할 수도 있다. 특히 우리나라에선 불법 공매도가 기승을 부리고 있으며, 이슈화되기도 했다. 무차입 공매도(빌리지도 않고 주식을 매도함)를 비롯해 마치 대차 거래를 일반 거래인 것처럼 꾸며 하락을 유도하는 등 불법 공매도가 심심치 않게 일어났다.

모 유명 투자 증권 회사는 3년간 939개 회사 1.4억 주에 대해 허위 공매도를 하기도 했다. 공매도의 경우 대차 거래임을 명시해야 함에도 불구하고 일반 거래인 것처럼 꾸며 주가 하락을 유도하고, 공매도로 큰 수익을 보는 말도 안 되는 불법 공매도를 자행하기도 했다.

그렇다면 개미도 공매도를 할 수 있을까? 법적으로 개미도 공매도를 할 수는 있다. 하지만 조건이 매우 까다로워 실제로 공매도를 하는 경우는 극히 드물다. 개인의 공매도는 엄밀히 말하면 증권사와 하는 대주 거래로, 개인이 공매도를 하기 위해선 증권사에서 주식을 빌려다 팔아야 한다. 하지만 최대 60일 이내에 주식을 갚아야 하고, 담보 비율도 기관 및 외인보다 높다. 담보 비율이란 대차 거래를 위해 필요한 잔고의 비율을 말한다. 개인의 경우 자금 여력이 충분치 않기 때문에 사실상 공매도를 하기 어렵다. 그리고 무엇보다 수수료가 2.5%로 비싼 편이다. 외인이나 기관의 수수료가 0.1%부터 시작하는 것에 비하면 터무니없이 높은 편이다.

그나마 이번 제도 개편에서 개인의 공매도를 장려하기 위해 담보 비율을 120%로 줄여 주고, 일정 수준 이상의 교육을 수료하고 요건을 충족하는 전문 투자자의 경우 공매도 상환 기간의 제한이 없도록 개편했지만, 여전히 개인이 접근하기 어려운 게 현실이다. 이 때문에 대차 거래의 99%는 외인과 기관이 하고, 개인의 비중은 1%가 채 되지 않는다.

개인적으로는 공매도에 대한 규제와 불법 공매도에 대한 처벌을 강화해야 한다고 본다. 미국이나 유럽과 달리 우리나라의 투자자 성향 차이 때문인데, 미국이나 유럽의 경우 개인 투자자보다 기관 투자자의 비중이 높다. 따라서 나스닥은 악재나 호재에 민감하게 반응하며 합리적으로 움직이는 경향이 있다. 미국의 경우 '로빈 후드'라는 증권 거래 앱이 압도적인 1위를 차지하고 있고, 미국의 개미를 '로빈 후더'라고 부를 정도인데, 정작 로빈 후드의 계좌 수는 1,500만 개 정도밖에 안 된다. 미국 인구 3.4억 명에 비하면 매우 낮은 수준이다. 반면 한국은 개인 투자자의 비중이 상당히 높다. 코스피의 경우 거래 자금 기준 50%가 개인이며, 코스닥은 85%에 육박한다. 이 때문에 코스피든 코스닥이든 주가 지수가 비이성적으로 움직이는 경우가 많으며, 작전 세력도 공공연히 존재한다. 따라서 우리나라의 경우 공매도의 순기능보다는 역기능이 작용할 우려가 높기 때문에 이에 대한 규제가 필요하다고 본다.

02 가치 투자 회의론자

피터 린치, 벤저민 그레이엄, 워런 버핏 등 가치 투자의 대가들은 늘 말한다. "저평가된 주식을 싸게 사서 나중에 그 기업이 빛을 발할 때 비싸게 팔아라." 그런데 코스피 시장에서 그게 가당키나 한 말인지 의구심이 든다. 과연 가치 투자의 대가들이 한국에서 태어나 한국에서 투자하는 상황에서도 저런 말을 할 수 있을까?

삼성전자가 될 것인가, LG전자가 될 것인가

우리나라 기업 중 10년 동안 장기 투자했을 때 삼성전자처럼 우상향한 기업이 과연 몇 개나 될까? 우량주의 대표격인 삼성전자조

차 6만전자가 붕괴됐을 때 2017년도 가격으로 회귀했다. 2017년에 샀다면 6년이 지난 2023년 초 본전치기를 했다는 말이고, 배당을 감안하더라도 이자 비용 등의 기회비용을 생각하면 손해다.

물론 우상향한 기업이 없는 건 아니다. 최근까지도 우상향한 기업이 있지만 소수이며, 그조차도 언제 꺾일지 모른다. 2013~2015년 파죽지세로 올랐던 한샘과 SPC 삼립은 2015~2016년도 들어 최정점을 찍고 내리 5~6년의 하락기를 거치며 상승 전 주가로 회귀했으며, 지금 현재 우상향하는 기업도 언제 이렇게 될지 알 수 없다.

코스피 시장 전체가 특정 시기(코로나발 유동성 확대 시기 등)를 제외하면 1,800~2,200 사이에서 움직이다 보니 절대다수의 기업이 박스권에서 횡보하고 있는 셈이다. 백색가전의 강자 LG전자는 현재 주식 가격이 10년 전 가격과 동일하며, 심지어 한국 전력의 현재 주가는 1992년 당시 주가와 동일하다. 물가 수준(화폐 가치 하락)을 감안하면 반의반 토막이 난 셈인데, 사실 기회비용을 감안하면 그 이상의 손해를 본 셈이다.

떨줍올팔

결국 개미가 수익을 보기 위해선 떨어질 때 줍고 오를 때 팔아야 한다. '1%, 2% 떼기 단타를 치라'는 말이 아니라 '배트를 짧게 잡고 언제든 기회가 오면 치고 달릴 수 있어야 한다'는 이야기다. 물론 떨어졌다고 생각해서 주웠는데 더 빠질 수도 있다. 하지만 내가 공부한 기업이 생각지 않았던 개별 기업의 이슈로 하락하는 게 아니라 시황에 따라 빠지는 상황이라면 충분히 인내를 가지고 기다려야 한다. 개미가 가진 유일한 무기는 시간이니까 말이다.

버핏의 포트폴리오

가치 투자의 귀재 워런 버핏은 2022년 3분기 기준 47개 종목에 투자하고 있다. 다소 많아 보이지만 보유 금액 기준 상위 2개 종목인 애플(42%)과 BOA(10%)가 포트폴리오의 절반을 차지하고 있으니, 상위 비중 종목만 놓고 보면 투자 종목은 열 손가락 안에 꼽는다.

미국 최고의 가치 투자자이자 투자 회사 버크셔 해서웨이를 이끄는 워런 버핏의 포트폴리오가 이런데 나는 과연 몇 개의 기업에 투자하고 있을까? 또 내가 그 기업들을 충분히 알고, 해당 섹터(산업)의 시장 상황을 잘 파악하여 변화에 능수능란하게 대응할 수 있을까? 가령 조선업이라고 하면 최소한 수주 산업의 특성과 대금 결제 구조, 후판 가격이 선가에 미치는 영향, 동일 선종 반복 건조의 이점, 국제해사기구(IMO)의 탄소 절감 정책, 환율, 상하이 운임

지수(SCFI) 등 조선업의 전반에 대해 알아야 하는데, 과연 우리와 같은 개미가 몇 개의 섹터와 기업에 대해 공부할 수 있을까?

개인적으로는 3~4개 섹터에 5~6개 정도 종목으로 포트폴리오를 구성하는 게 적정하다고 생각한다. 자동차, 인터넷, 식음료, 운송, 반도체, 금융, 2차 전지, 친환경 등의 다양한 섹터 중 본인이 잘 알고 관심이 있는 분야를 먼저 정하고, 그 안에서 상대적으로 저평가되었거나 앞으로 성장 가능성이 높은 기업을 발굴해 공부하고, 시세를 트레킹하며 분할 매수로 접근하는 게 개미가 시장을 이길 수 있는 유일한 방법이 아닐까 생각한다.

참고로 한경 컨센서스에서 시장과 산업, 그리고 개별 기업의 리포트를 제공하고 있으니 참고하기에 좋고, 기본적인 공시 사항은 금감원 전자 공시 시스템(Dart)에서 확인할 수 있다.

03   리딩 산업 섹터

*

지금부터 서술하는 내용은 절대 투자 권유가 아니다. 어디까지나 이 책을 읽는 분들에게 도움을 주고자 예를 들어 설명하는 것뿐이다. 모든 투자는 본인이 공부하고 판단한 뒤에 진행해야만 하락장에서도 버틸 수 있고, 상승장에서도 의연하게 대처할 수 있다. 그러니 독자들이 다음의 내용은 참고만 했으면 좋겠다. 이 책을 쓰면서 리딩 산업 섹터에 대한 이야기를 해야 할지 말아야 할지 고민이 많았다. 산업 이야기를 하다 보면 각 분야를 선도하는 개별 기업의 이야기를 하지 않을 수 없기에 투자 권유로 비치는 건 아닐까 하는 우려 때문이었다. 하지만 '부의 지식 사전'이라는 취지에 맞춰 몇 가지 섹터만 소개하고자 한다.

반도체 개념 원리

　우리나라의 산업과 주식을 논할 때 반도체를 빼놓고는 이야기할 수 없다. 무역량 기준 단일 품목으로는 가장 큰 비중을 차지하며, 코스피 시장 내에서도 삼성전자와 하이닉스 두 회사의 시총이 전체 코스피의 1/4가량을 차지하니 두말할 나위 없이 중요한 산업이다. 아마 주식을 하는 분들 중에 개인 투자자라면 삼성전자나 하이닉스는 대부분 담고 있지 않을까?

　반도체 시장은 크게 메모리와 비메모리로 나눈다. 메모리는 우리가 잘 아는 D-RAM, 낸드 플래시 등 대량 생산되는 반도체이며, 삼성전자와 하이닉스가 세계 시장을 꽉 잡고 있다. 비메모리는 스마트폰용 AP, 복합 및 차량용 반도체 등 다품종 소량 생산되는 반도체를 말한다. 현재 반도체 시장의 70%는 비메모리가 차지하고 있으며, 향후 시장 전망도 비메모리 시장이 유망하다. 점점 더 정교하고 복잡한 AI 기반의 컴퓨팅, 자율 주행차, 로봇 산업 등에선 해당 분야에 맞춤화된 CPU가 필요하기 마련이니 비메모리 시장이 유망한 건 어찌 보면 당연하다.

　이러한 반도체 시장에서 참여자로 사업을 운영하는 회사를 구분하면 크게 종합 반도체 기업(IDM)과 팹리스 기업, 파운드리 기업이 있다.

종합 반도체 기업 (IDM)

팹리스 기업

파운드리 기업

종합 반도체 기업의 경우 설계와 생산 등 모든 것을 운용하고, 팹리스 기업은 설계만 주력으로 하며, 파운드리 기업은 생산만 전담으로 한다.

메모리 반도체의 경우 막강한 자본을 바탕으로 설비를 투자해 종합 반도체 기업에서 대량 생산하는 반면, 비메모리 분야의 경우 설계와 생산을 분리하는 게 일반적이다. 비메모리의 경우 고도의 기술을 필요로 하는 반도체로 생산과 설계를 병행하기엔 리스크가 크고, 효율이 안 나오기 때문에 설계는 팹리스 기업이 전담하고, 생산은 파운드리 기업이 한다.

참고로 파운드리 기업의 점유율을 보면 대만의 TSMC가 압도적이다. 우리나라 사람들은 반도체 시장에서 삼성전자가 최고라고 생각하지만, 그건 메모리 분야에 한정되어 있고 사실상 반도체 시장 비중의 70%를 차지하는 비메모리 분야에서는 순위권 밖이다(팹리스 포함 시). 심지어 시가 총액만 놓고 보면 파운드리 기업인 TSMC가 삼성전자보다 더 크다. 코리아디스카운트 영향도 있겠지만, 시설과 기술에 계속 재투자해야 하는 메모리 반도체의 특성과 비메모리 반도체의 시장 성장 가능성, 그리고 삼성전자가 파운드리 분야의 후발 주자임을 감안하면 이해가 안 되는 것도 아니다. 게다가 삼성전자는 반도체 이외에 스마트폰, 가전 등 종합 전자 회사이다 보니 영업 이익률이 15~20% 수준이지만, TSMC는 반도체 사업만 하기 때문에 이익률이 40%가 넘는다.

시장 상황이 이렇다 보니 정부는 K반도체를 살리기 위해 2023년부터 5년간 340조 원을 투자하겠다는 반도체 초강대국 달성 전략을 수립했고, 2022년 8월에는 반도체지원특별법(K칩스법)을 발의했다. 현재 이 법안은 2023년 3월 30일부로 국회에서 통과됐고, 공표 후 시행할 예정이다. 주요 골자는 반도체와 R&D 투자에 소요되는 설비 투자 시 50% 세액 공제(미국보다 10% 상향)를 해 주고, 시설 허가 등에 있어서 패스트 트랙으로 빨리 처리할 수 있도록 해 주는 내용을 담고 있다.

반도체, 투자하는 게 맞을까?

워런 버핏의 포트폴리오에 있는 반도체 기업은 TSMC가 유일하다. 사실 이마저도 신규 매수 직후 대량으로 매도했다. 한번 매수하면 장기 보유하는 워런 버핏이 이례적으로 단기간에 처분한 종목으로 기록되기도 했는데, 버핏이 반도체 회사에 투자를 꺼리는 가장 큰 이유는 벌어들인 수익을 주주에게 환원하는 게 아니라 새로운 기술 개발을 위해 꾸준히 재투자하기 때문이다. 반도체는 기술 집약적 사업으로 공정이 고도화될수록 비용이 올라간다. 가트너(Gartner) 자료에 따르면 파운드리 기준 10나노에선 웨이퍼 1장 대비 투자액이 100달러 정도지만, 5나노는 150달러, 3나노는 210달러까지 올라간다. 일본의 사례에서 알 수 있듯이 반도체의 경우 재투자하지 않으면 기술 경쟁에서 밀려 곧바로 도태되는 게 현실이다. R&D와 자본적 지출(CAPEX, 미래의 이윤을 창출하기 위해 지출한 비용)에 막대한 비용이 소요되며, 경기 사이클의 영향을 직접적으로 받는 섹터로 경기 침체 시 수익성 악화는 기업 존립에 영향을 줄 만큼 치명적이다. 단적인 예로 2021년도 12.4조 원의 영업 이익을 올렸던 하이닉스의 2023년 영업 이익 컨센서스는 −3.8조에 달한다.

물론 비메모리 반도체 시장이 커진다고 해서 메모리 반도체가 죽는 건 아니다. AI, 자율 주행, 5G 등 미래 먹거리 산업 덕분에 시스템 반도체 시장이 확산되는 건 사실이지만, 그렇다고 D램 수요가 줄지는 않는다. 시장이 커지면서 오히려 삼성전자나 하이닉스가 생산하는 D램의 수요도 늘어날 수 있다. 고도화된 시스템 반도체와 더불어 연산과 메모리 기능을 하는 D램과 낸드 플래시의 수요도 같이 늘어나기 때문이다.

그렇다면 반도체 기업에 투자하는 게 맞을까?

앞으로 5G, AI, 자율 주행, 로봇 등 유망한 산업군에서 필수재로 쓰일 반도체는 시장 성장이 담보된 것이나 다름없다. 하지만 앞서 보았듯이 R&D와 자본적 지출에 막대한 비용이 소요되며, 사이클의 영향을 받기 때문에 개별 기업에 투자하는 게 꺼려지는 것도 사실이다. 심지어 코스피에선 삼성전자의 높은 비중 때문에 삼성전자의 주가는 코스피 전체 지수와 궤를 같이한다. 즉, 삼성전자에 투자하면서 코스피 시장 평균 성장률을 초과하는 높은 투자 수익을 기대하기란 어렵다는 말이다.

폐배터리, 고물과 보물은 한 끗 차이

2007년 애플의 아이폰이 출시되고, 2010년 삼성의 갤럭시S가 시장에 등장한 직후 스마트폰이 폭발적으로 성장했던 것처럼 전기 차 시장이 커질 것은 불 보듯 뻔하다. KPMG에서는 글로벌 전기 차 배터리 시장이 2020년부터 2030년까지 매년 37%씩 성장해 10년 동안 370%가 성장할 것으로 전망했는데, 이런 숫자를 차치하더라도 우리는 공도(公道)를 달리는 전기 차를 보면서 전기 차 시장의 확대를 피부로 느끼고 있다.

전기 차 제조 원가에서 배터리가 차지하는 비중은 55~65%로 압도적으로 높다. 따라서 '전기 차 시장의 확대=2차 전지 시장의 확대'로 봐도 무방하며, 2차 전지 시장의 확대는 곧 전기 차 시장의 확대와 직결된다. 배터리의 주 원료인 니켈, 코발트 등의 원자재는 광물로서 제한된 지하자원이다. 아이러니하게도 친환경으로 각광받는 전기 차이지만, 제조 과정에서 환경이 오염되는 건 피할 수 없다. 이 때문에 뒤에서 후술할 폐배터리 시장이 더욱더 중요한 포지션을 차지한다. 폐배터리로 인한 중금속 이슈 및 채굴 시 발생하는 탄소는 또 다른 환경 오염 문제를 야기하기 때문에 유럽은 이미 2006년부터 폐배터리에 대한 규제를 가하고 있고, 2024년부터는 모든 배터리 제조사에 폐배터리의 발자국에 대한 기록을 남기도록 규제할 예정이다. 즉, 경제적으로 보나 환경적으로 보나 폐배터리 시장은 성장할 수밖에 없다.

폐배터리, 문제는 타이밍

　　그러나 문제는 타이밍이다. 전기 차 시장을 한번 상기해 보자. 잘 알고 있듯이 전기 차 시장의 혁신 기업인 테슬라의 주가가 치솟은 건 2020년부터다. 그런데 전기 차 이슈는 이미 2014년 전부터 시작됐다. 2009년 도쿄 모터쇼에서 상용 전기 차가 나왔고, 현대도 2010년 전기 차 '블루온'을 출시했다. 당시에도 화석 연료의 종말이라며 연일 매스컴에서 떠들어 댔지만, 전기 차 인프라 확충 및 규제 이슈로 2020년까지도 전기 차 침투율은 미미했다. 전기 차의 대명사인 테슬라 또한 2003년에 상장했지만, 주가는 지지부진했고, 2020년부터 본격적으로 상승했다. 만약 2010년부터 테슬라에 투자했다면 과연 버틸 수 있었을까? 2021년까지 상승의 열매를 따 먹을 수 있었을까? 아니다. 아마 2010년에 진입한 사람 중 열에 아홉은 나가떨어졌을 것이다. 그만큼 진입 시점이 중요하다.

　　그렇다면 폐배터리 시장에는 언제 진입하는 게 좋을까?

　　개인적으로는 배터리의 SoH(State of Health)를 감안해 실제 가시적인 실적으로 반영되는 시점 직전에 진입해야 한다고 본다. 전기 차 배터리의 SoH는 10년이다. 배터리의 경우 10년이 지나게 되면 100% 충전에도 불구하고 효율이 80% 이하로 떨어지기 때문에 배터리로서의 효능이 반감된다. 즉, SoH가 80%쯤 되는

10년을 전기 차 배터리의 수명으로 볼 수 있으며, 실제 업계에서도 전기 차 배터리의 보증을 10년으로 명시하고 있다.

문제는 국내 시장에서 전기 차가 확대된 게 2018년이라는 것이다. 따라서 2018년에 만들어진 전기 차 배터리가 폐배터리로 재활용되기 위해선 2028년이 되어야 한다. 이건 전 세계적으로 마찬가지다. 유럽과 중국의 전기 차 침투율이 10%를 넘긴 것도 2018년 이후이며, 에너지경제연구원에서 발표한 폐배터리 배출량 추정치만 보더라도 2028~2029년부터 폭증할 것으로 나온다. 물론 시장 선점이 중요하다. 가격이 오르기 전에 미리 들어가서 길목을 지키고 있다가 상승의 수혜를 온몸으로 맞는 게 가장 좋은 시나리오이니까 말이다. 게다가 전기 차 10년 존버와 달리 이미 인프라 확충으로 전기 차 시장의 확대는 확실해졌으므로 미래 가치를 선반영하는 주식의 특성상 실적이 가시화되기 전에 오를 여지가 높다.

폐배터리 관련 기업

아직 폐배터리 관련 기업은 손에 꼽는다. 그중 나스닥에 상장된 Li Cycle(LICY)과 코스닥에 상장된 성일하이텍이 대표적인 기업이다. 먼저 Li Cycle은 북미 최대의 폐배터리 재활용 선두 기업으로 2016년 캐나다에서 설립되어 총 2만 톤 규모의 스포크(Spoke,

파쇄 시설)를 보유하고 있으며, LG화학 및 LG에너지솔루션과도 600억 지분 투자를 하면서 협력 관계를 이어가고 있다. 하지만 대장주인 Li Cycle은 아직 적자 기업이다. 약 6만 톤 규모의 배터리 재활용 허브를 건설하는 등 투자를 통해 몸집을 불리는 상황이므로 적자를 면치 못하고 있다. 이 때문에 2021년 5월 뉴욕 거래소에 상장된 이후 현재 주가는 5~7달러 수준으로 최저치를 기록하고 있다. 연준의 금리 인상 및 러시아와 우크라이나의 전쟁 등으로 2022년 전 세계 증시가 폭락했고, Li Cycle이 상장된 나스닥도 폭락했지만, Li Cycle은 이미 2021년 말부터 큰 폭으로 하락 중이며, 장 중 고점인 14달러에 비하면 지금은 50% 이상 빠진 셈이다.

국내에서는 성일하이텍이 유일한 코스닥 상장사이자 배터리 재활용 대표 기업이다. 2차 전지 확대 붐을 등에 업고 공모가 5만 원으로 주식 시장에 상장해 두 달 만에 169,700원까지 3배 넘게 올랐지만, 2023년 초 10만 원대까지 빠지면서 고점대비 40% 넘게 빠졌다. 물론 지수 자체가 30%가량 크게 하락했지만, 다른 2차 전지 관련주는 나름 선방하며 2022년 초 대비 20~30%가량 빠진 걸 감안하면 더 많이 빠진 셈이다. 주식은 생물이며 심리에 의해 움직이기 때문에, 실적이 가시화되지 않았음에도 불구하고 크게 올랐다가 하락장이 오면 금세 떨어진다. 하지만 여전히 공모가인

5만 원을 대비하면 100%의 성장을 한 셈이다.

그런데 성일하이텍의 경우 단기적인 오버행 이슈는 피할 수 없어 보인다. 오버행이란 잠재적인 매도 물량으로 여느 상장 초기 주식의 주가가 그렇듯 성일하이텍 또한 오버행 물량이 상당히 많다. 보호 예수된 물량이 전체 주식의 65.43%에 달하고 상장 직후 유통 가능한 물량은 34.57%이다. 보호 예수 기간별 물량을 보면, 이미 12.9%의 물량은 보호 예수 기간이 끝나 시장에 풀렸다. 물론 아직 익절하지 않고 묶여 있는 물량도 있겠지만, 이 중 일부는 시장에 풀렸을 가능성이 높다. 2022년 9월 중순 정점을 찍고 10월 이후 크게 빠진 것도 3개월분 물량이 한몫했다고 본다. 문제는 1년의 보호 예수가 끝나는 2023년 7월 말인데, 이때 풀리는 물량만 무려 16.8%에 달할 것으로 예상된다. 공모가 5만 원에 들어간 기관이나 외인의 경우 하락한 현재가인 10만 원에 익절해도 이미 100%의 수익을 보기 때문에 어려워진 경기를 감안하면 분명 시장에 던져지는 물량이 상당할 것으로 보인다. 향후 폐배터리 시장의 수혜는 리딩 기업인 성일하이텍이 보겠지만, 단기적인 오버행 이슈나 설비 확대에 따른 수익성 악화는 피하기 어려워 보인다.

물론 오버행에도 불구하고 2차 전지 시장이 그 시점의 트렌드 섹터라면 오를 수 있다. 전고점인 17만 원에 육박할지도 모르겠다. 주식은 예상대로 흘러가지 않고 생물이다 보니 시시각각 변하기 마련이다. 실제로 10만 원대까지 하락했던 성일하이텍은 최근 2차 전지 붐을 등에 업고 전고점을 넘어 18만 원까지 터치했다. 하지만 개인적으로 아직 폐배터리에 진입하는 것은 시기상조로 보인다.

조선업 사이클

2003~2008년도는 조선업의 슈퍼 사이클이었다. 2001년 중국의 WTO 가입 이후 ① 중국이 세계의 공장이 되면서 무역량이 폭증했고, ② 컨테이너선은 대형화됐으며, ③ LNG선 및 탱커 규제 변화에 따른 발주량이 증가했다. 거기에 ④ 원자재 가격 상승에 따른 벌커 수주가 확대됐고, 카타르페트로늄과 엑손모빌 등이 LNG선을 다량으로 발주했는데, LNG선의 경우 우리나라 조선 3사가 독식하고 있다. 대우조선해양의 주가 그래프만 보더라도 2003년부터 2008년까지 눈부신 성장을 볼 수 있다.

하지만 이러한 화려한 영광을 뒤로하고 조선업은 피크 아웃 이후 내리 하락세를 겪었고, 2020~2021년 수주 호황에도 불구하고 2022~2023년도 조선주 주가는 하락세를 면치 못하고 있다. 그 이유는 조선업의 사이클 특성과 대금 지급 방식, 그리고 원자재 가격 상승 때문이다. 신조선가 지수(배 가격)를 보면 2023년 현재 가격이 슈퍼 사이클이었던 2003~2008년보다 더 싸다. 물론 2020년도에 비해 많이 올랐지만, 물가 상승 수준을 감안하면 여전히 과거에 비해 싼 가격으로 배를 팔고 있다. 수주를 많이 했다고 하더라도, 원가 대비 선가가 낮으니 수익성은 안 좋을 수밖에 없다. 더구나 후판 가격이 치솟으면서 원자재에 대한 부담이 커진 상황에서 조선 업계의 수익성은 더 악화되고 있다. 후판이란 두께 6mm가 넘는 철판으로 단일 품목으로는 조선 원자재 중 가장 높은 비중을 차지한다. 대우조선해양의 경우 2019년에는 톤당 72만 원, 2020년에는 톤당 68만 원, 2021년 상반기에는 톤당 99만 원에 후판을 사왔는데, 2021년 하반기에는 포스코와 톤당 115만 원으로 최종 협상을 마쳤다. 작년 대비 톤당 40~45만 원이 인상된 셈인데, 톤당 40만 원이 인상될 경우 조선 3사가 부담하는 추가 자재비는 무려 1.9조 원에 달한다. 그리고 2022년 하반기에도 후판 가격은 톤당 110만 원으로 높은 가격을 유지하고 있다.

그런데도 조선 업계 주가는 반등하고, 조선주 슈퍼 사이클로 이어진다는 증권사 의견이 많다. 그 이유는 선가의 반영 시점 때문이다. 조선의 경우 선가는 수주보다 한 박자 늦다. 쉽게 말해 수주량이 늘어나고 난 뒤 선가가 오르고 다시 수주가 이어져야만 수익성이 개선된다. 가령 2022년 기준 수주 호황에도 불구하고 적자가 난 이유는 2021~2022년 매출과 이익이 사실은 2017~2018년도에 저가 수주했을 때의 물량이기 때문이다. 당시 이익을 포기하고,

도크를 채우기 위해 울며 겨자 먹기로 수주한 물량이 부메랑이 되어 되돌아온 셈이다.

　조선업의 대금 지급 방식은 헤비테일(Heavy tail) 구조로 계약 시 10%, 중도금 20~30%, 잔금 60~70%로 나눠서 지급받는다. 즉, 설계, 제작, 인도까지 3~4년가량 걸리는 조선 업계 특성상 2021~2022년도에 조선사들이 벌어들인 매출과 이익은 2017~2018년 당시 짠내 나는 물량에 대한 수익이다. 그런데 우리나라 조선 업계는 2020년부터 시작된 수주 호황 덕분에 이미 2024년 생산분까지 풀로 도크를 꽉 채운 상황이다. 이런 상황에서는 굳이 과거처럼 출혈 수주를 할 이유가 없다. 그리고 원자재 가격 상승분을 선가에 반영한 2021~2022년 수주 물량의 경우 2024~2025년에 잔금이 들어오므로 2024년부터 실적 개선이 충분히 가능하기 때문에 증권사가 말하는 2024년 사이클은 신빙성이 있어 보인다. 오히려 선반영되는 주식의 특성상 2023년부터 사이클을 탈지도 모른다.

조선업, IMO의 환경 규제

　대형 선박의 탄소 배출 문제는 어제오늘 일이 아니다. 대형 선박은 대부분 디젤 추진 엔진을 달고 있는데, 디젤 엔진의 경우 배출

되는 탄소의 황 함유량이 매우 높다. 특히 2020년 바이든 정부가 들어서면서 친환경에 대한 규제가 심해졌고, 해운 업계에서도 이런 탄소 배출에 대한 제재를 가하기 시작했다. 국제해사기구(IMO)에서는 현존 선박 에너지효율지수(EEXI)를 적용하여 선박별로 에너지 등급제를 매겨 A~E등급으로 나눠 낮은 등급의 선박은 운행 속도 제한을 받도록 규제했다. 해상 운송에서 '운행속도 저하=선박 수주 증가'와 일맥상통한다. 가령 중국에서 영국으로 100개의 컨테이너를 30일 동안 운송해야 하는데, 이게 60일로 시간이 길어진다면 당연히 운송량을 맞추기 위해선 운행 선박을 두 배로 늘리는 수밖에 없다.

물론 운행 속도 이슈를 해결하기 위해 꼭 신규 LNG 추진 선박을 건조해야만 하는 것은 아니다. 기존 디젤 선박에 에너지 저감 장치를 부착해도 된다. 하지만 앞으로 친환경 이슈가 지속되고 규제는 계속해서 강화될 예정이므로 스크럽 부착보다는 장기적인 안목으로 LNG 추진 선박을 늘리는 추세고, 실제로 계약률도 늘어나고 있다.

180

부의
지식
사전

앱 테크

예전에는 욜로족이 유행이었다면, 요즘은 MZ 세대에서 '무지출 챌린지'가 유행이다.

2015~2021년까지 자산 가격이 폭등하면서 '어차피 해도 안 되는데 즐기며 살자'라는 식의 욜로식 소비 문화와 '지금이라도 쫓아가야 한다'라며 영끌해서 투자하는 포모(FOMO)식 투자로 파가 나뉘었다. 그러다가 2022년 물가 상승과 금리 인상의 여파로 경기가 침체되면서 욜로 소비와 포모 투자는 삽시간에 수면 아래로 가라앉았고, '하루 지출 0원으로 살기'라는 무지출 챌린지가 유행하기 시작했다. 과거 '궁상'이라고 했던 짠돌이 소비가 지금은 '챌린지'라는 이름의 알뜰 소비로 자리 잡으면서 집에 있는 냉장고를 탈탈 털어 식사를 해결하고(냉파), 도시락을 싸 들고 가 점심값을 아끼고, 앱 테크로 포인트를 모아 커피를 마시고, 최소한의 비용(대중교통비 등)으로만 생활하는 등 거의 무지출에 가까운 일상을 보낸다. 특히 앱 테크로 일주일에 2~3만 원 가까이 포인트를 모아 필요한 생필품을 구매하는 등 앱 테크를 새로운 수익원으로 활용한다. 일부 고수들은 월 100만 원에 가까운 수익을 내곤 하는데, 일반인도 충분히 월 10만 원 정도의 수익은 낼 수 있으니, 앱 테크로 한 푼이라도 아껴 보자.

앱 테크는 앱을 활용한 재테크로 출석 포인트, 설문 조사 참여,

이벤트 참여, 구독 클릭, 만보기 등으로 적게는 50원에서 많게는 5,000원씩 현금이나 상품으로 교환할 수 있는 마일리지를 모으는 걸 말한다. 주로 커뮤니티나 유튜브, 블로그, 단톡방 등에 높은 마일리지를 주는 이벤트나 설문 조사 등이 공유되므로 검색을 통해 쉽게 정보를 찾을 수 있다. 대표적인 앱으로는 핀크, 우리WON뱅크, K뱅크, LG ThinkQ, 서베이앱(엠브레인 패널파워, 서베이링크), 캐시슬라이드, 모니모 등이 있다.

앱 테크는 큰 기술을 요하는 게 아니라 얼마나 꾸준히 포기하지 않고 시간을 투자하느냐의 싸움이다. 출석 체크의 경우 하루만 빠져도 무용지물이 되니 하루에 한 번은 앱을 켜야 하고, 선착순으로 마감되는 이벤트에 참여하기 위해선 수시로 앱을 확인해야 한다. 특히, 추천인 코드 입력 시 수익이 두 배로 커지기 때문에 블로그나 SNS에 추천인 코드를 공유하는 게 유리하다. '가랑비에 옷 젖는지 모른다'라는 말처럼 소액이지만, 꾸준히 하면 월 20~30만 원의 수익을 낼 수 있으니 수시로 앱을 켜고 시간을 투자할 수 있는 주부라면 앱 테크도 유용한 재테크 수단이 될 수 있다.

PART 4
세금
TAX

01 　보유세&건강 보험료

종부세

　"종합 부동산세를 내는 그날까지 열심히 돈을 모으자."라고 다짐했지만, 막상 종부세를 내고 나니 아깝다는 생각이 들었다. 무일푼에서 이만큼 성장한 스스로가 대견하기도 했지만, 어쩐지 조금 억울하기도 했다.

　동서고금을 막론하고 모든 국가에서는 보유세를 거둬 국가의 주요 재원으로 활용했다. 조선 시대에는 과전법을 통해 땅을 보유한 지주에게 수확량의 10%를 거둬 갔으며, 현대에 이르러서는 재산세와 종합 부동산세라는 이름으로 보유세를 걷고 있다. 재산세는 토지, 건축물, 주택, 선박, 항공기 등 과세 물건을 소유한 경우에 내는 세금이며, 종합 부동산세는 납세의 형평성을 위해 일정한 기준을 초과하는 토지와 주택에 대해 부과하는 조세다. 종합 부동산세의 경우 2022년 기준 전체 재산세 납부자 중 8%인 122만 명이 납부했으며, 그 규모는 4.1조다.

전체 재산세 납부자 중 8%가 종부세를 낸다고 하는데, 그렇다면 과연 내가 상위 8%의 부자인가? 결코 아니다. 수익형 부동산이 아닌 생계형 부동산임에도 불구하고, 예금이나 주식에는 붙지 않는 세금이 매겨진다는 게 다소 억울했다. 게다가 부동산의 경우 본인이 스스로 사용·수익할 경우 임대 수익을 기대하기도 어렵기에 더 억울하다.

그래서 찐 부자들은 부동산 자산의 비중을 줄이고, 금융 자산의 비중을 늘리는 건지도 모르겠다. KB국민은행이 발표한 '부자의 자산 구성비'를 보면 30억 미만은 부동산 자산이 60%로 높은 반면, 30억 원 이상의 부자는 오히려 부동산 자산보다 금융 자산의 비중이 높다.

보편적인 세금, 재산세

재산세는 주택이나 토지를 소유하고 있는 대한민국 국민이라면 누구든 내야 하는 보편세로 1년에 두 번 나눠서 낸다(7월, 9월 납부).

재산세 부과 기준일은 매년 6월 1일이다. 6월 1일 이전에 집을 매수했다면 매수인이 납부해야 하고, 이후에 집을 매수했다면 매도인이 납부해야 한다. 6월 1일을 기점으로 누가 소유하고 있었느냐에 따라 부과 대상이 바뀌는 셈인데, 여기서 매수란 잔금 지급일이 기준이다. 보통 잔금 지급 이후 부동산 등기를 하는 게 일반적인데, 만약 특이하게 등기일이 잔금 지급일보다 빠른 경우라면 등기일이 매매 기준일이 된다.

재산세의 계산 기준은 정부에서 발표하는 주택별 공시 가격에 기반한다. 그런데 최근 집값은 하락하고 있는데, 연초에 조사해서 발표한 2022년도 공시 가격이 오름에 따라 보유세가 치솟자 국민의 조세 저항이 일어났다. 공시 가격은 전년 대비 7.34% 올랐으며, 현실화율도 57.9%로 전년보다 2.1%P 올랐다. 하지만 2022년 초부터 집값이 하락 국면에 접어들었고, 많게는 40% 가까이 빠지는 단지도 속출했다. 이에 정부에서는 세 부담 증가에 따른 역풍을 피하고자 1주택자만 공정 시장 가액 비율을 낮춰 주는 등 조치를 취했다. 시행령의 경우 국회의 동의 없이 바로 처리가 되니 2022년부터 지방세법 시행령을 개정해 1주택자는 기존 공정 시장 가액 비율을 60%에서 45%로 낮췄다. 아마 2022년에 1주택자는 2020년 수준의 재산세를 냈을 것이다.

참고로 재산세는 종합 부동산세와 달리 주택을 가진 국민이라면 그 가격이 비싸든 싸든 보편적으로 모두가 내는 세금으로 민생과 직결된다. 그나마 다행인 건 2023년 표준 주택 공시 가격이 전년 대비 5.95%P 하락했으니, 2023년도에는 다주택자든 1주택자든 재산세는 조금 줄어들지 않을까 예상해 본다.

그런데 보통 재산세 고지서를 받으면 내가 실제로 계산한 재산세보다 국세청에서 고지된 재산세가 훨씬 더 많다. 그 이유는 ① 도시 지역분과 ② 농어촌세, 그리고 ③ 지방교육세 때문이다. 특히 도시 지역분의 경우 본세의 70%가 넘을 정도로 높은 세금임에도 불구하고 이 부분에 대해 모르는 사람들이 꽤 많다. 만약 본인이 도시에 살고 있다면, 재산세를 납부할 때 과세 표준의 1.4%에 해당하는 도시 지역분을 내야 한다. 여기서 말하는 도시란 '도시 계획 구역'을 말하는데, 내가 거주하는 지역이 해당 지역에 속하는지 여부는 '토지 이음'에서 쉽게 알 수 있다.

정부가 공시 가격을 올리는 진짜 이유

보유세의 과세 표준은 국토교통부에서 공시하는 가격을 기준으로 계산한다. 공시지가는 '땅'의 가격을 말하고 공시 가격은 '주택'의 가격을 말하는데, 표준 공시 지가와 공시 가격은 전국에 있는

56만 개의 땅과 주택 25만 호를 대상으로 가격 변화를 파악해 산출한다. 그러고 나서 해당 표준 공시 지가(가격)가 확정되면 그걸 토대로 각 지자체에서 대한민국에 있는 모든 땅과 주택에 대해 공시 지가와 공시 가격을 매긴다. 공시 지가는 보유세의 기준이 됨은 물론 지역 가입자의 건강 보험료, 국민연금, 저소득층 지원 여부 판단 등에 있어서 전방위적으로 활용되는 매우 중요한 준거 가격이다.

정부는 과거부터 공시 가격 현실화를 위해 현실화율을 계속해서 높여 왔다. 현실화란 '실제 거래되는 가격과 공시 가격의 차이를 좁힌다'는 말로, 쉽게 말해 실거래가만큼 세금을 걷겠다는 뜻이다. 공시 가격은 2007년부터 2022년까지 딱 한 번(2009년)을 제외하고 적게는 1.98% 많게는 12% 이상 매년 올랐다. 그만큼 국가는 더 많은 세수를 확보했다는 뜻이다. 그나마 2022년 집값 하락으로 2023년도 공시 가격은 다소 하락했지만, 그래도 여전히 과거에 비하면 높은 편이다.

당신이 모르는 건강 보험료

2022년 말 건강 보험료 2단계 개편안이 적용되면서 건강보험공단에 불만 전화가 빗발쳤다. 건강 보험료 개편의 주요 골자는 다음과 같았다. 소득 외 연간 2,000만 원 이상의 수익이 있는 직장인은 2022년 11월 건보료부터 직장 가입자임에도 불구하고 추가로 건보료를 내야 하며, 그간 자녀의 부양가족에 해당하여 건보료를 내지 않았던 소득 있는 부양가족은 피부양자에서 탈락함에 따라 별도로 건보료를 내야 한다는 것이다.

· 건강 보험료 납부 주체 ·

지역 가입자	직장 가입자	피부양자
근로 외 소득자는 소득, 재산에 따라 건보료 납부	근로 소득에서 건보료 월 차감 (근로자 3.545%)	직장 가입자의 피부양자로 의료 혜택 가능

건강 보험료의 납부 주체는 지역 가입자와 직장 가입자로 나뉜다. 지역 가입자는 근로 소득이 없는 일반인(자영업자 등)으로 소득 및 재산에 따라 건보료를 납부하는 경우이고, 직장 가입자는 월급에서 자동으로 건보료를 차감하는 일반 직장인을 말한다. 직장 가입자의 경우 소득액이 일정 수준 이하인 가족을 피부양자로 등록해서 가족들도 의료 혜택을 받게 할 수 있다.

직장인 자녀	부유한 노인 A		자영업자 자녀	가난한 노인 B
	← 피부양자 등재		피부양자 등재 ×	
	건강 보험료 없음			건강 보험료 납부

그런데 이번 건강 보험료 개편에서 가장 크게 이슈가 됐던 건 바로 '피부양자' 이탈 문제였다. 원칙적으로 직장 가입자의 피부양자 (보통 자녀)로 등록될 경우 건보료를 내지 않았다. 그런데 최근 무임 승차 이슈가 불거지면서, 소득이 있는 피부양자는 별도로 건보료를 내야 한다는 여론이 일었다.

예를 들어 재산이 많은 노인 A의 경우 직장인 자녀의 피부양자로 등록되어 건보료를 내지 않고, 재산이 적은 노인 B의 경우 자녀가 자영업자로 지역 가입자이기 때문에 피부양자 등록이 되지 않아 각각 건보료를 내는 불합리한 상황이 문제가 된 것이다. 그래서 보건복지부는 건보료 부담 능력이 있는 피부양자 27.3만 명에 대해 피부양자 자격을 박탈하고 지역 가입자로 전환하여 건보료를 징수하기로 했다.

갑자기 세금을 걷게 되면 조세 저항에 부딪히기 때문에 정부는 한시적으로 건보료 할인을 적용했다. 1년 차 때는 80%를 할인해주고 4년 차까지 점진적으로 할인 폭을 줄여 나간다는 계획이다. 1년 차인 2022년의 경우 월평균 납부액은 3만 원 정도지만, 2023년부터는 할인율이 60%로 줄어 평균 6만 원을 납부해야 하고, 4년 후에는 약 15만 원을 납부해야 한다.

정부는 형평성을 위한 조치라고 말했는데, 과연 우위에 있는 사람을 끌어내리는 게 형평성에 맞는 걸까? 개인적으로는 열위에 있는 사람에게 혜택을 주어 평균을 상향하는 게 맞다고 본다. 피부양자에서 이탈되는 이들이 납부해야 하는 평균 건보료는 월평균 149,000원으로 결코 적은 돈이 아니기 때문이다.

가령 매월 200만 원(연2,400만 원)의 공적 연금을 수령하는 C가 보험 설계사로 연간 432만 원(월 36만 원)의 사업 소득이 있다고 가정해 보자. 과거에는 연소득 2,832만 원으로 자녀의 피부양자 등록이 가능했지만, 이젠 연소득 2천만 원 초과로 지역 가입자로 분류되고, 소득에 대한 건보료 9.5만 원과 재산에 대한 건보료 5.5만 원을 합쳐 총 15만 원의 건보료를 납부해야만 한다. 소득이 연간 2,832만 원인 C는 매년 180만 원에 달하는 세금을 추가로 내야 하는데, 과연 2,832만 원의 소득이 크다고 할 수 있을까? 안 내던 세금 180만 원을 내야 하는 C는 기분이 어떨까?

정부는 건강보험공단 재정이 2023년부터 적자로 전환되어 2028년엔 바닥을 드러낼 것으로 예측했다. 2017년 들어 시작된 건강 보험 보장성 강화 정책! 일명 문재인 케어가 시작되면서 건보 재정은 급격히 악화됐다. 건강보험공단에 따르면 2017~2021년 문재인 케어 총지출은 18.6조 원에 달한다. 앞서 살펴본 공시 가격 인상, 건강 보험료 개편 2단계 적용과 더불어 직장 가입자 보험료 인상(2023년 기준 작년 대비 1.49% 인상) 등 세수 확보에 총력을 기울이는 이유도 건보 재정 확보 때문이다.

　　개인적으로 건강 보험 재정 확보보다 더 중요한 것은 '누수되는 건강 보험료'라고 생각한다. 우리나라는 외국인에게도 건강 보험 혜택을 제공하고 있다. 외국인도 우리나라에 취업해서 직장 가입자로 가입하면 국적과 상관없이 자신의 배우자나 직계 존비속을 피부양자로 등록할 수 있으며, 대상자는 입국 즉시 건보 혜택을 볼 수 있다. 그래서 한 60대 중국인이 2017년부터 2021년 사이 국내 병원에서 32억 원이 넘는 진료를 받은 사례도 있고, 무려 9명을 피부양자로 등록한 외국인도 있었다. 쉽게 말해 아프면 한국으로 넘어와 치료받고 다시 본국으로 넘어가는 것이다. 이제야 부랴부랴 외국인 피부양자의 경우 국내에 6개월 이상 머물러야만 건강 보험 혜택을 주는 등 2023년부터 제도 개편에 나선다고 하는데, 이런 누수부터 막는 게 먼저 아닐까?

02

환급받는 연말 정산

연말 정산의 기본 원리

매달 회사에서 소득세를 떼고 월급을 받는데, 왜 매년 1월에 연말 정산이라는 걸 해서 사람을 귀찮게 하는 걸까?

우리가 매달 내는 소득세는 '원천세'로 정확한 금액이 아니다. 소득 규모에 따라 임의로 책정된 금액으로, 법으로 정한 '근로 소득 간이 세액표'에 따라 일괄적으로 떼는 세금이다. 그래서 추후 연말 정산을 통해 실제 내야 할 세금을 계산해서 이미 낸 소득세가 내야 할 세금(결정 세액)보다 많다면 환급받고, 반대의 경우라면 추가 납부해야 한다.

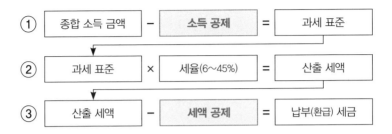

· 연말 정산 구조도 ·

① 종합 소득 금액 － 소득 공제 ＝ 과세 표준

② 과세 표준 × 세율(6~45%) ＝ 산출 세액

③ 산출 세액 － 세액 공제 ＝ 납부(환급) 세금

연말 정산을 하는 이유에는 몇 가지가 있다. 먼저 국가는 연말 정산이라는 제도를 정책적으로 활용한다. 가령 전통 시장 및 대중 교통을 장려하기 위해 추가 공제를 도입하고, 기부금 세액 공제 확대로 기부 문화를 장려하기도 한다. 의료비에 대한 세액 공제를 도입해서 국민이 제대로 된 의료 서비스를 제공받을 수 있도록 하기도 한다. 또한 근로자별로 부양가족이 바뀌면서 인적 공제의 요건이 달라질 수도 있으며, 매월 달라지는 조건을 확인해 세금을 징수할 수 있는 시스템이 갖춰진 것도 아니다(그럴 필요도 없고). 그래서 정부는 일괄적으로 소득세를 징수한 후 연말 정산이라는 제도를 통해 정산하는 것이다.

연말 정산 세금 계산은 ① 종합 소득 금액(연봉)에서 소득 공제를 한 뒤 '과세 표준'을 구한다. ② 과세 표준 금액에 따라 세율이 달라지므로 '과세 표준×세율'로 '산출 세액'을 정하고 ③ 마지막으로 산출 세액에서 세액 공제를 받아 최종 납부할 세금을 계산한다. 앞의 〈연말 정산 구조도〉에 나오는 것처럼 소득 공제는 과세 표준을 낮추는 역할을 하고, 세액 공제는 내야 할 세금 자체를 줄여 준다. 어떤 것이 더 큰 혜택인지는 상황마다 다르겠지만, 기본적으로 고소득자일수록 소득 공제가 유리하고, 소득이 낮은 경우 세액 공제가 유리하다.

연말 정산의 꽃, 부양가족 인적 공제

연말 정산에서 인적 공제가 중요한 이유는 인적 공제 대상의 모든 것을 다 가져오기 때문이다. 인적 공제 대상자의 기본 소득 공제는 물론 신용 카드 사용 내역, 보험료 납부, 의료비, 기부금 등 인적 공제 대상자의 모든 공제 항목을 끌고 올 수 있다. 우선 인적 공제를 받으면 기본 공제로 150만 원이 소득 공제된다. 소득 공제가 중요한 이유는 '세율' 때문이다. 과세 표준에 따라 세율이 올라가게 되므로 최대한 과세 표준을 줄여 세율을 낮추는 게 핵심이다. 가령 급여액이 6천만 원인 사람이 소득 공제로 2,000만 원을 받는다면, 과세 표준은 4천만 원이 돼서 세율 15%를 적용받게 된다. 만약 소득 공제를 한 푼도 못 받았다면 과세 표준은 6천만 원으로 세율 24%를 적용받게 되는데, 앞서 말한 것처럼 소득 공제를 받으면 과세 표준이 줄어들어 세율이 15%로 줄어드는 셈이다.

물론 세율 계산은 모든 소득에 24%를 곱하는 건 아니다. 세율은 과세 표준 구간별로 계산된다. 가령 연봉이 6천만 원인 사람은 [(1,200만 원×6%)+(3,400만 원/15%)+(1,400만 원×24%)] 이런 식으로 과세 구간을 초과하는 부분부터 해당 세율을 곱해 계산한다.

다시 한번 더 말하지만, 연말 정산의 소득 공제 항목 중 가장 핵심은 '부양가족 인적 공제'이다. 일단 인적 공제는 1명당 150만 원이 소득 공제된다. 본인 세율에 따라 절약되는 세금이 달라지는데, 가령 본인이 세율 24% 구간이라면 인적 공제 1명으로 36만 원을 아낄 수 있다. 일단 본인은 무조건 150만 원이 공제되고(자동 반영), 배우자나 직계 비속(자녀), 직계 존속(부모, 조부모)은 조건을 충족할 경우 부양가족으로서 인적 공제를 받을 수 있다. 배우자의 경우 나이 요건은 없지만 소득 요건이 있고, 그 외 직계 비속과 직계 존속의 경우 나이와 소득 요건이 모두 있다. 참고로 사실혼 관계의 배우자는 기본 공제에서 제외된다.

인적 공제 요건에는 나이와 소득이 있다. 먼저 나이 요건은 '만' 나이가 적용되며, 직계 존속은 만 60세 이상, 직계 비속은 만 20세 이하일 경우에만 인적 공제를 받을 수 있다. 문제는 소득 요건인데, 근로 소득자일 경우 소득이 연 500만 원 이하여야 하며, 일반 소득(연금, 사업 소득 등)일 경우에는 연 100만 원 이하여야 한다. 그

• 인적 공제 요건 표 •

구분	공제 대상
직계 존속	만 60세 이상
직계 비속, 동거 입양자	만 20세 이하
형제자매	• 만 20세 이하 • 만 60세 이상
그 밖의 부양가족	• 「국민기초생활보장법」 제2조 제2호의 수급자 • 직계 비속 또는 입양자와 그 배우자가 모두 장애인에 해당하는 경우 그 배우자 • 「아동복지법」에 따른 가정 위탁을 받아 양육하는 아동으로서 해당 과세 기간에 6개월 이상 직접 양육한 위탁 아동(보호 기간이 연장된 20세 이하 위탁 아동 포함) 다만, 직전 과세 기간에 소득 공제를 받지 아니한 경우에는 해당 위탁 아동에 대한 직전 과세 기간의 위탁 기간을 포함하여 계산한다.

러나 단순 근로 소득으로 500만 원을 넘게 받거나 다른 소득이 100만 원이 있다고 해서 모두 공제받지 못하는 건 아니다. 사업 소득이나 근로 소득, 연금 등의 경우 기본 공제 금액이 적용된다. 가령 부모님이 연금을 받는다고 하더라도 공적 연금의 경우 연간 416만 원이 공제된다. 따라서 공적 연금으로 매달 43만 원씩(연간 516만 원)을 받아도 416만 원이 공제되면 연 소득액은 100만 원이므로 인적 공제를 받을 수 있다. 우리나라 전체 국민연금 평균 수

령액이 월 50~60만 원 정도이니, 국민연금을 수령하는 수급자의 40%는 인적 공제 소득 요건을 충족하는 셈이다. 게다가 사적 연금은 1,200만 원이 공제되므로 매달 사적 연금으로 월 100만 원씩 수급해도 연간 1,200만 원이 공제되기 때문에 소득은 0원으로 잡히므로 인적 공제를 받을 수 있다.

그리고 주민 등록상 거주지가 다르더라도 인적 공제를 받을 수 있다. 시골에 계시는 부모님이나 조부모님 모두 인적 공제 대상이 되는데, 이 때문에 연말 정산 시즌이 되면 형제자매들 간에 분쟁이 발생하곤 한다. 시골에 계시는 부모님의 인적 공제를 누가 가져갈 것이냐가 화두인데, 우선 중복 공제는 안 된다. 형제자매 중 1명만 연말 정산 소득 공제 혜택을 받을 수 있다. 만약 다툼이 있을 경우 가장 우선시되는 건 주거를 같이하는(주민 등록상) 경우이고, 모두 따로 산다면 실제 부양했다는 증거가 있는 자녀가 우선된다. 여기서 부양했다는 증거란 생활비 등의 지원을 위한 은행 송금 내역을 말한다. 그리고 조부모님이 사망한 경우 또는 배우자와 이혼한 경우 인적 공제가 가능한지에 대한 문의가 많은데, 당해에 사망한 경우엔 공제되지만(2023년 사망 시 2024년 연말 정산 때 공제 가능), 이혼한 경우엔 공제받을 수 없다.

'신용 카드, 체크 카드, 현금 골고루 써라'의 진실

연말 정산 시즌 때마다 단골로 나오는 얘기인데, 정말 신용 카드, 체크 카드, 현금을 골고루 쓰면 더 많이 환급받을 수 있을까? 정확히 이야기하면 반은 맞고 반은 틀렸다. 만약 본인이 씀씀이가 큰 소비 요정이라면 신용 카드만 써도 되지만, 소비가 적다면 골고루 쓰는 게 좋다.

그 이유는 각 지급 수단별 공제율은 다르지만 전체 소득 공제 한도가 정해져 있기 때문이다. 연말 정산 때 총 소득의 25% 이상을 소비했다면 그 초과분에 대해 소득 공제를 적용해 준다. 그런데 신용 카드 및 체크 카드, 현금은 공제율이 다르다. 신용 카드의 공제율은 15%, 체크 카드와 현금은 30%이니 두 배 차이가 난다. 그렇다면 과연 신용 카드로 모든 소비를 한 사람과 골고루 나눠서 쓴 사람의 경우 세금 차이는 얼마나 날까?

연봉 4천만 원인 직장인이 2022년 한 해 동안 2천만 원을 소비했는데, 신용 카드, 체크 카드, 현금을 골고루 나눠 쓴 경우와 신용 카드로만 모든 소비를 한 경우 2023년 연말 정산에서 얼마를 받을 수 있는지 계산해 보자.

먼저 ① 신용 카드로 1,200만 원 ② 체크 카드로 400만 원 ③ 현금으로 400만 원을 소비했다면, 총소득의 25%를 초과하는 1,000만

수단	사용액	공제율	공제 금액
체크	400만 원	× 30%	= 120만 원
현금	400만 원	× 30%	= 120만 원
신용	200만 원	× 15%	= 30만 원
	1천만 원 (25%)	소득의 25%	총 270만 원 소득 공제

원에 대해서 소득 공제가 적용되고, 신용 카드는 15%, 나머지는 30%의 공제율이 적용되므로 이 사람이 받을 수 있는 소득 공제 총액은 270만 원이다.

반면 만약 신용 카드로만 2천만 원을 모두 소비했다면, 연봉의 25%를 초과하는 1,000만 원에 대해 15%의 공제율을 적용받아 150만 원만 소득 공제를 받을 수 있다. 골고루 나눠 쓴 경우와의 차이가 120만 원가량 나는데, 이건 소득 공제이므로 120만 원 모두를 공제받는 건 아니다. 여기에 세율 15%(과세 표준 4천만 원의 세율 구간)를 적용하면, 실제로는 18만 원의 세금 차이가 난다. 골고

수단	사용액	공제율	공제 금액

신용   1천만 원   ×   15%   =   **소득 공제 150만 원**

1천만 원 (25%)   소득의 25%

루 나눠 썼다면 18만 원을 더 돌려받는 셈이다. 이 때문에 연말 정산 시즌만 되면 '신용 카드로 총 소득의 25%를 넘게 썼을 경우 그 이후에는 체크 카드나 현금을 쓰라'는 이야기를 하는 것이다.

그런데 신용 카드 공제에는 한도라는 게 있기 때문에 신용 카드로만 한도를 채울 수 있다면 굳이 나눠 쓸 필요가 없다. 기본 공제 한도는 연봉에 따라 다른데, 연봉 7천만 원 이하의 경우 한도는 300만 원이며, 연봉이 7천만 원을 초과할 경우 한도는 250만 원으로 줄어든다. 가령 연봉 4천만 원인 직장인이 신용 카드로 3천만 원을 소비했다면, 한도인 300만 원까지 공제받을 수 있다(2천만 원

×15%). 이 사람은 신용 카드만 사용했지만, 한도를 꽉 채워서 공제받기 때문에 어떤 결제 수단을 사용했느냐는 의미가 없다.

그런데 신용 카드의 소득 공제 대상에서 제외되는 항목들이 있다. 그래서 무턱대고 '어차피 나는 소비 요정이니 신용 카드만 써야지.'라고 생각하면 오산이다. 요즘은 세금이나 공과금도 신용 카드로 결제할 수 있는데, 세금이나 공과금은 연말 정산 때 소득 공제를 받을 수 없으며, 통신비, 인터넷 사용료, 신차 구매, 리스 비용 또한 마찬가지로 소득 공제에서 제외된다. 특히 신차의 경우 금액대가 크기 때문에 공제 한도를 다 채웠다고 착각하는 경우가 많은데, 신차 구매는 신용 카드 공제에서 제외된다(중고차는 적용됨).

의료비 세액 공제

의료비 공제는 세액 공제로 산출된 세액만큼 세금을 감면해 주기 때문에 연말 정산 때 반드시 챙겨야 할 항목 중 하나다. 사용한 의료비가 총 급여의 3%를 초과할 경우 초과분에 대해 15%를 공제해 주는데, 가령 연봉이 5천만 원이고 의료비를 500만 원 썼다면 [500만 원-(5천만 원×3%)]×15%로 계산해 52만 원을 세액 공제해 준다. 세액 공제이므로 기납부 세액이 있는 경우 52만 원을 고스란히 환급받는다. 그런데 의료비의 경우 부부간 몰아주기,

부모님이 쓴 의료비 공제받기 등 다양한 방법을 통해 합법적으로 환급받을 수 있기에 아는 만큼 더 돌려받을 수 있다.

부부간 의료비 몰아주기

우선 의료비는 부부간 몰아주기가 가능하다. 둘 다 중복해서 공제받을 순 없지만, 한 명에게 의료비를 몰아줄 수 있다. 기본적으로 의료비 공제는 부양가족에 한해서 가능한데, 부부는 경제적 공동체이므로 당연히 서로 공제(몰아주기)가 가능하다. 의료비 몰아주기 이슈는 총급여의 3% 룰 때문에 생긴다. 부부가 똑같은 의료비를 사용했지만, 급여 수준이 다르기 때문에 3%를 넘지 못하면 혜택을 받지 못하고 소멸된다. 그래서 급여가 적은 사람에게 의료비를 몰아줘서 환급받는 게 상대적으로 유리하다.

부부가 각각 100만 원의 의료비를 지출했다고 가정했을 때, 몰아주느냐 아니냐에 따라 환급액은 120,000원까지 차이가 난다. 위 상황에서 각각 공제할 경우 남편은 공제받을 수 없고, 부인은 12,000원을 공제받지만, 소득이 적은 부인에게 몰아줄 경우 132,000원까지 공제받을 수 있다. 요약하자면 ① 의료비는 몰아주기를 하는 게 이득이고, 이왕 몰아준다면 ② 소득이 낮은 사람이 가져가는 게 가장 유리하다. 추가로 자녀 의료비의 경우 인적 공

가정 연봉 : 남편 4천만 원, 부인 3천만 원 / 의료비 각각 100만 원 사용

① 각각 공제 : 12,000원

남편 0원 부인 12,000원

남편(100만 원−120만 원)×12%=0원
부인(100만 원−90만 원)×12%=12,000원

② 남편 공제 : 96,000원

96,000원

(200만 원−120만 원)×12%
=96,000원

③ 부인 공제 : 132,000원

132,000원

(200만 원−900만 원)×12%
=132,000원

제로 등록한 부모만 공제받을 수 있다. 아이의 인적 공제는 남편이 받고 아이 의료비는 부인이 가져갈 수 없다.

부모님 의료비 가져오기

부모님을 인적 공제받을 경우 사용한 의료비는 자동으로 세액 공제에 반영된다. 하지만 나이 및 소득 요건 때문에 인적 공제를 받지 못하는 경우라도 내가 부모님을 위해 '의료비를 지출한 경우'라면 '의료비'를 공제받을 수 있다. 여기서 요건은 '의료비를 지출한 경우'인데, 먼저 꼭 같이 살지 않아도 된다. 시골에 계신 부모님

의 의료비를 공제받을 수도 있다는 말이다. 그리고 의료비를 지출했다는 게 꼭 부모님이 내 명의의 카드로 결제해야 한다는 것도 아니다. 내가 부모님에게 용돈을 드리는 데 부모님이 그 돈을 모아 의료비를 지출할 수도 있고, 비정기적으로 드린 용돈을 모아 치료비에 보탤 수도 있으니 말이다.

그런데 자녀가 여러 명인 상황에서 첫째가 부모님을 인적 공제 받는데, 둘째가 수술비를 냈다면 둘 다 공제받을 수 없다. 첫째가 부모님을 인적 공제한다는 건 부양한다는 뜻이고, 그 혜택으로 인적 공제를 끌고 온 것인데 의료비는 실제 부담하지 않았으니 공제를 받지 못하는 것이고, 둘째는 부양하지 않는 부모이므로 의료비를 냈다고 하더라도 공제를 받지 못하는 것이다.

실손 공제받은 의료비

보험 회사로부터 실비 보험을 통해 보험금을 수령한 경우 해당 의료비는 세액 공제를 받을 수 없다. 과거엔 시스템 미비로 당사자가 수기로 반영해야 했는데, 이제는 시스템에 반영되어 자동으로 빠진 상태로 계산된다. 그런데 문제는 연말에 치료하고 다음 해에 실비 보험금을 받은 경우다. 가령 2022년 12월에 치료받고 2023년 실비 처리를 한 경우 시스템에 반영되지 않는다. 즉, 실비로 받았는데 의료비 공제도 받게 되는 셈이다.

보험 실비의 경우 3년 이내에 신청할 수 있으니, 편법으로 다음 해 연말 정산 이후에 실비를 돌려받는 등 꼼수를 쓸 여지가 있다. 우선 전산상으로 자동 차감 처리되는 시스템은 없다. 가령 2022년 의료비를 지출해서 세액 공제를 받고, 2023년 실비 보험에서 실손 처리가 되었다고 해서 2023년에 낸 의료비에서 자동 차감되는 게 아니다. 이런 경우 본인이 5월 종합 소득세 신고 때 2022년 의료비에서 차감하여 수정 신고를 해야 한다. 만약 자진 납세를 하지 않으면 부당 공제액의 10%를 가산세로 납부해야 한다. 가령 2022년 의료비로 세액 공제 혜택을 본 게 10만 원이고, 이듬해 실손 보험을 받았는데 2023년 5월 종합 소득세 신고 때 수정 신고하지 않았다면 가산세 1만 원과 함께 11만 원을 추징당한다. 그런데 이런 사실을 일일이 기억했다가 2023년 5월 종합 소득세 때 신고하는 게 쉽지는 않다. 이런 걸 시스템으로 만들어 국민의 편의를 도모해 주는 게 국가의 역할인데, 참 아쉽다.

두 달치 월세 돌려받기

월세 공제는 임차로 거주하고 있는 직장인이라면 반드시 챙겨야 할 세액 공제로 무려 두 달치 월세를 돌려받을 수 있는 연말 정산

효자 항목이다. 만약 연봉 5,500만 원 이하의 직장인이 월세로 매달 50만 원을 낸다면 공제받는 금액만 무려 102만 원으로 두 달치 월세를 돌려받는 셈이다. 특히 고금리 상승으로 전세 자금 대출 이자보다 월세가 싸지면서 월세 인구가 급증했는데, 생각보다 몰라서 못 받는 분들이 많으니 꼭 챙겼으면 한다.

그런데 월세 공제를 받기 위해 따지고 들어가면 생각보다 복잡한 문제를 마주하게 된다. 아니 복잡하기보단 애매한 것들이 많다는 게 옳은 표현인 듯싶다. 가령 계약서는 본인이 작성해야 하는지, 묵시적으로 갱신된 경우 옛날 계약서를 증빙으로 제출하면 되는지, 주민 등록 이전을 안 한 경우에도 돌려받을 수 있는지, 혹은 집주인이 동의해야만 하는지 등 모호한 것들이 있다.

먼저, 월세 공제의 공제율은 연봉에 따라 다르다. 2023년(2022년 귀속)부터 공제율이 각각 5%씩 늘어나 연간 소득이 5,500만 원 이하면 17%를 공제받을 수 있고, 5,500~7,000만 원이라면 15%를 공제받을 수 있다. 월세 공제의 조건은 딱 세 가지다. ① 무주택 세대주이면서 ② 총 급여액(연봉)이 7천만 원 이하고, ③ 월세로 임차하고 있는 주택이 국평(전용 85m²) 이하이거나 기준 시가 3억 원 이하면 된다. 참고로 ③번 요건의 경우 2019년 전에는 AND 조건이었으나, 제도 개편으로 OR로 바뀌었다. 즉, 3억 원 이하이거나 국평 이하 둘 중에 조건 하나만 충족해도 공제받을 수 있다.

애매한 것들을 정리하자면, 고시원이든 오피스텔이든 주거 형태에 상관없이 공제받을 수 있으며 계약서는 꼭 본인이 쓰지 않아도 된다. 2017년부터 기본 공제 대상자(부모님, 배우자 등)가 대신 계약서를 쓴 경우라 하더라도 공제받을 수 있도록 제도가 개편됐다. 특히 사회 초년생의 경우 부모님이 대신 계약해 주는 경우가 많고, 바쁜 직장인은 배우자가 해 주는 경우가 많은데 이런 점이 반영되었다.

그리고 묵시적 갱신으로 과거에 쓴 계약서도 증빙으로써 효력이 있다. 굳이 계약서를 매년 새로 갱신하지 않더라도 과거에 쓴 계약서를 증빙 서류로 제출해도 무방하다. 보통 월세든 전세든 계약의 경우 묵시적으로 갱신하는 경우가 많고, 심지어 월세를 올리더라도 서로 합의하에 올린 월세를 이체할 뿐 계약서를 쓰지 않는 경우도 많다. 묵시적 갱신으로 월세 금액이 오른 경우라면(계약서는 과거 월세가 나오겠지만) 이체 내역으로 증빙되므로 실제 지급한 월세를 기준으로 공제받을 수 있다.

이체 증빙 서류의 경우 은행 계좌 이체 어플 캡처나 은행에서 발급받은 이체 증명서, 무통장 입금증 등 어떤 형태라도 상관없다. 계약서에 있는 집주인 이름으로 이체된 월세 내역만 증빙되면 된다. 그런데 문제는 내가 이체하지 않고 부모님이 이체해 준 경우다. 이런 경우라면 공제받을 수 없다. 연말 정산의 취지 자체가 근로자 본인이 지출한 소비(월세)에 대한 공제이기 때문이다.

그리고 공제를 받기 위해선 반드시 임대차 대상 주택에 전입 신고가 되어 있어야 한다. 임대차 계약서상 주소와 주민 등록상 주소지가 일치해야 공제를 받을 수 있다. 단, 확정 일자는 필요 없다. 과거에는 확정 일자 요건이 있었지만 지금은 없어졌으며, 집주인의 동의 또한 필요 없다. 간혹 세금 탈루 목적으로 집주인이 월세 공제를 받지 않도록 강요하는 경우도 있지만, 동의는 필요 없으니 참고하기 바란다.

03 　　　　　　　　　　　　　금융 투자 소득세

＊

　금융 투자 소득세란 주식, 채권, 펀드, 파생 상품 등 금융 투자로 인해 발생한 수익에 대한 세금으로 2020년 자본 시장 선진화라는 이름으로 처음 등장했다. 쉽게 말해 금융 소득 또한 마치 부동산처럼 양도 차익(이득)이 생기면 그 부분에 대해 세금으로 징수하겠다는 말이다. 하지만 당시 조세 저항으로 2년 유예 후 2023년부터 시행하겠다고 했지만, 여전히 제도적 미비 및 국민적 공감대를 확보하지 못했고, 다시 2년 유예되어 2025년부터 시행될 예정이다. 아직 제도가 도입되려면 시간적 여유가 있지만, 우리에게 직접적인 영향을 미치니 반드시 알아 두어야 할 경제 상식 중 하나다.

　금융 투자 소득세 세율은 양도 차익의 20~25%로 적지 않다. 게다가 기존에 내지 않았던 세금이므로 국민적 저항도 심했다. 예를 들어 주식으로 2억 원의 수익이 났다면 기존에는 0.25%에 해당하는 거래세인 50만 원만 세금으로 내면 됐지만, 금융 투자 소득세가 도입될 경우 기본 공제 5천만 원을 제외한 1.5억 원의 20%인 3천만 원을 양도세로 납부해야 한다(지방세 제외).

다소 억울하지만 이미 금융 선진국인 미국, 독일 등의 경우 주식에 대한 양도세를 도입해 운영 중이다. 국가 입장에선 부동산처럼 주식에도 양도세를 거둬 세수를 늘릴 수 있으니 더할 나위 없이 좋다. 개인적으로도 금융 투자 소득세 도입에 찬성하는 입장이다. 소득이 있는 곳에 세금이 있는 건 당연한 이치니까!

하지만 방법론에 있어서 현재 우리나라의 금융 투자 소득세는 문제가 많다. 현재까지 구체화된 내용을 바탕으로 이야기하면 양도소득세 부과 방식은 '반기별 원천 징수' 방식이다. 마치 월급받을 때 매달 소득세를 원천 징수하고 받는 것처럼 주식 양도 차익도 반기별로 수익을 미리 뗀다는 말이다. 쉽게 말해 내가 1천만 원을 벌건 2천만 원을 벌건 일단 원천세로 수익의 일부를 떼어 간다. 그리고 종합 소득세 신고 기간에 '나는 5천만 원 이하로 벌었으니 그간 수익은 돌려 주세요'라는 환급 신고를 해야만 돈을 돌려받을 수 있다. 일례로 내가 반년 동안 주식을 매도해 2천만 원의 수익을 냈다고 가정해 보자. 수익이 5천만 원 이하이니 사실 세금은 0원임에도 불구하고, 2천만 원의 22%인 440만 원은 원천 징수로 일단 정부가 떼어 간다. 물론 내년 5월에 돌려받겠지만, 당장에 투자할 시드 머니가 사라지게 되는 셈이다. 투자자에게 있어 시드 머니가 얼마나 중요한지는 두말할 필요도 없다.

금투세 도입이 코스피에 미치는 영향

주식 시장에서는 손해가 날 때도 있고, 이익이 날 때도 있다. 그래서 정부는 손익을 감안해 5년간의 손익을 합산하여 결손금을 이월 공제해 준다. 예를 들어 2025년에 1억 원의 수익이 나서 세금을 800만 원(지방세 제외) 냈는데, 다음 해인 2027년에 1억 원의 손해가 났다면 800만 원은 환급해 주는 식이다. 수익만 떼가는 게 아니라 손해도 보전해 주니 나름 합리적으로 보이지만, 문제는 이 기간이 5년이라는 점이다. 미국이나 영국, 독일 등 금융 선진국의 결손금 이월 공제 기간은 평생으로 투자자가 일평생 손해를 봤다면 최소한 세금으로 인한 불이익은 당하지 않는다. 반면 우리나라의 경우 6년차 때의 이익은 과거 결손 부분으로 상계되지 않기 때문에 손해를 보더라도 세금은 내는 구조가 된다.

만약 사회적 합의나 제도적인 개편 없이 현재의 금융 투자 소득세를 2025년도에 시행한다면 큰 혼란에 빠질 우려가 있다. 당장에 세수를 더 걷자고 주식에 양도 소득세를 매긴다면 해외 투자 자본이 유출되고, 국내 큰 손인 슈퍼 개미의 투자가 줄어드는 등 코스피는 양적으로 성장하기 어렵다. 대만이나 싱가포르, 홍콩 등이 금융 투자 소득세를 도입하지 않는 이유 또한 해외 투자 자본 유치 때문이다. 그런데 만약 우리나라만 도입한다면 과연 코스피 하락 없이 제도를 정착시키며 연착륙시킬 수 있을까?

이 때문에 코스피가 하락한다면 이로 인한 피해는 고스란히 개미들이 본다. 원천 징수와 손실 공제 이슈, 그리고 세율 부분에 대한 합리적인 고민이 필요해 보인다. 당장 세금 좀 더 걷자고, 또 '부자만 내는 세금이니 그냥 시행하자'라며 부자 프레임을 씌우는 것이야말로 거위의 배를 가르는 행위가 아닐까?

주식은 그나마 양반

가상 화폐에 비하면 주식은 그나마 양반이다. 금융 투자 소득세는 금융 투자로 인해 발생하는 모든 소득에 대해 세금을 부과하겠다는 뜻으로 가상 화폐 또한 과세 대상이다. 가상 화폐 양도세의 양도세율은 20%이지만, 공제 금액은 250만 원에 불과하다. 또 과세 기간 내에서만 손익 통산되는 등 주식과 비교했을 때 형평성 측면에서 상당히 기울어져 있으며, 사실상 차별에 가깝다.

• 비트 코인과 주식 양도세 비교 •

		2022년	2023년	2024년	2025년	합계
비트 코인	수익	+1천	+1억	–	+1억	+2.1억
	손해	–	–1천	–1억	–1억	–2.1억
	양도세	150만 원	1,750만 원	–	–	1,900만 원
주식	수익	+1천	+1억	–	+1억	+2.1억
	손해	–	–1천	–1억	–1억	–2.1억
	양도세	–	800만 원	– 800만 원 (환급)	–	–

주식과 가상 화폐는 세금 구조 자체가 다르다. 주식의 경우 5천 만 원이 공제되므로 수익이 5천만 원 이하라면 세금을 내지 않지 만, 가상 화폐는 250만 원만 공제되므로, 250만 원 이상의 수익 을 내면 양도세를 내야 한다. 가령 비트 코인을 팔아 1,000만 원 의 수익을 거뒀다면 150만 원을 세금으로 내야 한다(1천만 원에서 250만 원을 공제한 750만 원의 20%). 게다가 주식은 결손금 이월이 5년 인 반면 가상 화폐는 당해 연도만 적용된다. 사실상 이 차이가 가 장 크다.

위 표의 예시에서 보는 것처럼 투자를 통해 4년간 2.1억 원의 수익과 2.1억 원의 손해가 났다고 가정하면 주식의 경우 세금이 0원인 반면 가상 화폐는 1,900만 원의 세금을 내야 한다. 이 얼마나 불공평한 차이인가? 가상 화폐 양도세 부분에서는 공제 한도나 손익 통산 기간이 가장 큰 이슈일 텐데, 아마도 이 부분은 2025년에 시행되면 조정되지 않을까 생각한다.

부의
지식
사전

연말 정산 필살기

연말 정산에도 막판 뒤집기 같은 필살기 하나 정도는 있어야 하지 않을까?

의료비나 신용 카드 등 각종 공제는 연초부터 준비해야 하거나, 필요에 의해 사용했을 때만 공제되기 때문에 연말에 돼서 부랴부랴 준비하더라도 한계가 있다. 하지만 연금 저축이나 개인형 퇴직 연금(IRP)의 경우 일시금으로 납입하면 납입한 금액만큼 공제 혜택을 볼 수 있을 뿐만 아니라 세액 공제 혜택도 상당히 크다.

국가의 입장에선 노년 빈곤이 큰 사회적 문제인데, 연금 저축과 개인형 퇴직 연금은 노년 빈곤 해결에 도움이 되는 제도이기 때문에 세액 공제 혜택을 적극 제공하면서 가입을 유도하고 있다. 연말 정산에서 세금을 아끼려는 근로자와 세금을 거둬 들이는 국가의 니즈가 서로 부합하는 게 아이러니지만, 연말 정산에서 이만한 필살기도 없다.

연금 저축 세액 공제는 소득 규모에 따라 13.2%, 16.5%의 세액 공제를 받을 수 있다. 가령 한 달에 30만 원씩 납입한다면 1년에 360만 원이고, 연봉이 5,500만 원 이하라면 16.5%인 594,000원을 공제받을 수 있다. 거의 두 달치에 가까운 납입금만큼 아끼는 셈이고, 수익률로 따지면 연평균 16.5%짜리 상품에 가입하는 것과 동일한 효과가 있다. 물론 나중에 연금으로 수령할 경우 연금 소득세를 납부해야겠지만, 연금 소득세는 3.3~5.5%로 세율이 낮다. 단 중도 해지를 할 경우 기타 소득세로 받은 만큼 추징당할 수 있으므로 절대 중도 해지를 해선 안 된다.

여기에 추가로 개인형 퇴직 연금까지 가입하면 연금 저축과 관련된 공제를 모두 챙길 수 있다. 개인형 퇴직 연금이란 퇴직 연금과는 조금 다른 개념이다. 개인형 퇴직 연금은 퇴직금을 불리기 위해 개인이 추가 납입하는 계좌를 말한다. 보통 직장인의 경우 매달 퇴직금을 적립하고 운용한다. 방식에 따라 DC형과 DB형으로 나뉘는데, 개인형 퇴직 연금은 운용 방식과 관계없이 납입할 수 있고, 연금 저축과 개인형 퇴직 연금을 합쳐 최대 700만 원까지 공제받을 수 있다.

연금 저축의 공제 한도는 400만 원이므로 절세 목적이라면 월 33만 원씩 입금하는 게 가장 좋다. 그런데 연금 저축 외 개인형 퇴직 연금을 납입하면 공제 한도가 합계 700만 원까지 늘어난다. 700만 원 한도를 꽉 채우면, 115만 원에 달하는 세액 공제를 받을 수 있다. 가령 월 30만 원씩 개인 연금을 드는 사람이라면(연 360만 원) 연말에 개인형 퇴직 연금 계좌에 340만 원을 일시금으로 납입하면 700만 원 한도를 꽉 채워서 115만 원의 세액 공제를 받을 수 있다.

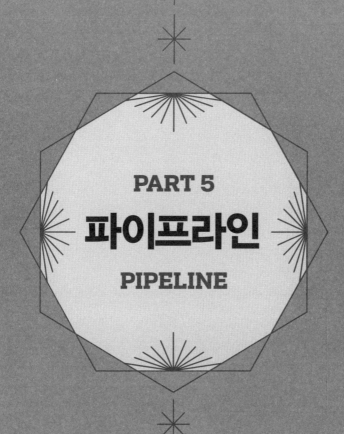

PART 5
파이프라인
PIPELINE

01

월 천만 원 버는
블로그의 비밀

우리가 자주 이용하는 녹색창 네이버는 '검색 기반의 플랫폼'이다. 검색 트래픽이 발생하지 않으면 네이버는 죽은 것이나 다름없다. 그래서 사용자를 늘리고, 유저가 네이버 생태계 안에서 오랫동안 머물도록 하는 게 지상 과제다. 네이버는 모든 유저들을 자신들의 생태계 안에 묶어 두기 위해 검색했을 때 양질의 콘텐츠가 검색 상위에 노출될 수 있도록 로직을 고안했다. 그 기본이 바로 '품질'과 '씨랭크(C-rank)', 그리고 '다이아 플러스(DIA+) 로직'이다.

    과거 다음이 1위 검색 플랫폼일 때 네이버는 지식IN으로 다음을 추월했고, 블로그를 통해 1위 자리를 수성했으며, 지금까지 부동의 1위 자리를 놓치지 않고 있다. 과거 사람들은 지식IN이 다 알려 준다며 네이버 검색을 애용했다. 건강, 법률, 시사, 상식 어떤 분야를 불문하고 지식IN에는 답글이 달렸고, 사람들의 궁금증을 해소했다. 그러면서 네이버의 트래픽은 폭발했다. 그리고 두 번째 네이버의 부흥기를 이끌었던 건 바로 블로그였다. 상품 후기, 방문 리뷰, 각종 정보를 포스팅하는 블로거가 늘어나자 블로그를 보기 위해 검색 유저들은 다음이 아닌 네이버를 이용했다. 물론 지금은 동영상 중심의 노출 플랫폼인 유튜브가 인기지만, 여전히 사람들이 '검색'을 하거나 '쇼핑'을 할 땐 네이버를 많이 사용한다. 그래서 나는 블로그를 파이프라인으로 만들었다.

네이버 블로그 수익과 현실적인 부업 이야기

블로그로 수익을 내는 방법은 크게 네 가지로 나눌 수 있다.

CPC

CPC는 'Click Per Cost'의 준말로 블로그 본문의 광고를 클릭할 경우 클릭당 수익이 발생하는 걸 말한다. 가장 대표적인 게 네이버에서 제공하는 '애드포스트'인데, 자동으로 달리는 광고를 단순히 클릭하는 것만으로도 블로거에게 수익이 발생한다. 일반적으로 하루 1만 명 정도 방문하는 블로그의 애드포스트 수익은 월

50~70만 원 정도 되고, 2만 명이 방문하는 블로그는 100~150만 원, 3만 명 이상이 방문하는 블로그는 150~200만 원 정도 된다. 광고마다 클릭당 단가도 다르고, 본문의 내용과 관계없이 무작위로 실리기 때문에 수익을 특정할 수 없지만, 대략 위와 같다. 그리고 인플루언서로 선정되면 프리미엄 광고가 달리기 때문에 조금 더 수익이 큰 편이다.

CPA

CPA는 'Click Per Action'의 약자로 블로거가 직접 업체로부터 광고 링크를 받아 본문에 링크를 삽입하고, 해당 링크로 들어오는 소비자가 제품을 구매하거나 상담을 받을 경우 블로거에게 일정액을 주는 것으로 흔히 말하는 제휴 마케팅이 이에 해당한다. 가장 대표적인 게 바로 '쿠팡 파트너스'다. CPA의 경우 적게는 몇천 원에서 많게는 월 수천만 원의 수익을 내는 대표 수익원이다.

광고 대행

광고 대행은 말 그대로 원고료를 받고 광고를 해 주는 것으로 보통 네이버 인플루언서나 최상위 노출 블로거의 경우 글 하나당 30~50만 원 정도 받고, 일반적인 상위 노출 블로거의 경우 건당 10~20만 원 정도 받는다. 이 경우 작성된 원고가 아니라 가이드만 주어지며 블로거가 직접 경험하고 글을 쓰게 되는데, 당연히 초안을 업체 측에 컨펌 받고 최종 업로드를 하게 된다. 아마 블로그를 운영하는 사람들은 위 내용과 관련된 쪽지나 메일을 수도 없이 받아 봤을 텐데, 원고와 사진을 그대로 '복붙(Ctrl C+V)'하는 원고 대행은 절대 하면 안 된다. 체험단, 기자단 등등 다양한 이름으로 불리지만 원리는 똑같다. 동일한 글들이 수 명에서부터 수십 명에게 뿌려지기 때문에 문서가 중복되고 네이버가 가장 싫어하는 행위이며, 저품질(검색 누락)로 가는 지름길이다.

제품 지원

제품 지원의 경우 몇만 원짜리 화장품에서부터 몇백만 원 상당의 가전까지 다양하다(가전의 경우 일정 기간 이용 후 회수). 식사도 2~3만 원짜리 한 끼에서부터 인당 30만 원이 넘는 파인 다이닝까지 그 범위가 넓다. 제품 지원은 생활을 윤택하게 해주고, 평소 내 돈 내고 사기 아까웠던 제품을 경험을 할 수 있어서 좋긴 하지만, 실질적인 수익으로 잡히는 건 아니므로 소득 파이프라인으로서 블로그를 운영한다면 과도한 제품 지원을 받는 건 추천하지 않는다.

그럼 단순히 블로그를 운영하기만 하면 이렇게 수입을 올릴 수 있을까? 당연히 아니다. 결국 블로그로 수익을 내려면 남들이 검색

했을 때 내 글이 상위에 노출되어야 하고, 방문자가 늘어야 한다. 트래픽이 커질수록 수익은 기하급수적으로 늘어난다. 결국 상위 노출 되는 블로그를 만드는 게 수익화의 첫걸음이자 가장 어려운 과제다. 오히려 상위 노출이 되기 시작하면 몇 가지 노하우를 통해 비교적 쉽게 돈을 벌 수 있다.

블로그 상위 노출 로직

블로그의 근간이 되는 로직은 '품질'이다. 하루에 수십만 건의 글이 발행되는 블로그 생태계 안에서 네이버는 AI 로직에 따라 글의 좋고 나쁨 혹은 검색자가 원하는 글인지의 여부를 판단하는데, 그중에서도 '품질'을 가장 중요한 요소로 꼽는다. 발행되는 모든 글을 일일이 판단해서 노출해 줄 수 없기 때문에 좋은 블로그는 좋은 글을 쓸 것이라는 전제하에 블로그별로 품질을 매겨 상위에 노출해 주는 것이다. 그리고 그 품질을 계산하는 데 있어 가장 중요한 요소는 체류 시간과 순방문자 수 대비 조회 수다.

먼저 검색자가 오래 머물렀다는 건 그만큼 양질의 정보가 많다는 뜻이다. 가령 하루 방문자 수가 1만 명인데, 평균 사용 시간이 3분이라면 1만 명×3분=3만 분(500시간)이라는 엄청난 트래픽이 발생했다는 것을 뜻한다. 네이버는 평균 148초간 사람들이 블로그에 체류하는데, 이 시간 안에는 블로그를 켜놓고 알트탭(Alt+Tab)하는 시간도 포함되기 때문에 온전히 내 블로그에 머무는 시간은 아니겠지만, 최대한 오랫동안 체류하도록 하려면 검색 유저에게 그들이 필요한 정보를 제공해야 한다. 두 번째로 중요한 지표는 순방문자 수 대비 조회 수다. 검색을 통해 블로그에 들어와서 오랫동안 머물며 이런저런 포스팅을 계속 본다는 건 그만큼 그 블로그에 양질의 정보가 담긴 포스팅이 많다는 뜻이다. 네이버는 이걸 상위 노출의 기초로 삼는다.

그런데 순항할 것만 같던 네이버 생태계의 근간을 흔드는 문제가 발생했다. 기본적으로 '품질'이라는 개념은 블로거 자체를 평가하는 것이다. 개별 발행되는 글들을 하나하나 평가할 수 없다 보니 '좋은 블로거(고품질)는 좋은 글을 쓸 것이다'라는 전제하에 상위에 노출을 해 줬더니, 갑자기 상위 노출을 무기로 광고 글을 무작위로 발행하면서 수익만 극대화하자 네이버 생태계가 교란되었고, 사람들은 '블로그는 곧 광고'라며 네이버를 이용하지 않기 시작했다. 이맘때쯤 '파워 블로거지'라는 말이 나돌았고 결국 네이버는 파워블로그 자체를 폐지했다.

네이버는 품질의 폐단을 극복하고자 씨랭크(C-Rank)라는 개념을 도입했다. 쉽게 말하면, 전문적인 글을 쓰는 사람들이 발행하는 문서를 상위에 노출해 주는 것이다. 가령 의료 관련 글을 꾸준히

230

써 온 의사가 쓴 의학 관련 포스팅은 상대적으로 낮은 지수에도 불구하고 상위에 노출된다. 최근 도입한 인플루언서 제도의 경우에도 이런 전문성을 기반으로 한다. 그래서 블로그에 글을 쓸 때 일상 관련 글보다는 일관된 주제로 글을 쓰는 것이 노출 측면에서 유리하다. 씨랭크는 맥락(Context), 내용(Content), 연결된 소비·생산(Chain)이라고 하는 3C를 통해 출처(블로그)의 신뢰도와 인기도를 측정한다. 쉽게 말해, 이 블로거가 '특정 관심사'에 얼마나 깊이 있는 글들을 써 왔는가를 보는 것이다. 알고리즘이 그 사람이 쓴 글들을 비교·분석해서 유사한 주제로 쓴 글들을 상위에 노출해 주는 게 씨랭크의 핵심이다. 따라서 블로그를 시작한다면, 내가 쓸 주제를 특정하고 시작하는 것이 가장 좋다. 리빙/경제·비즈니스/뷰티/헬스 등 어떤 분야든 스스로 공부하며 남들에게 정보를 전달한다는 생각으로 방향을 잡고 시작하는 게 좋다.

하지만, 일반인인 우리가 특정 분야에 대해 전문성을 가지고 꾸준히 글을 쓰긴 매우 어렵다. 그래서 나는 주변에 "일단 '잡블'로 시작하셔도 좋습니다. 그게 꾸준히 글을 쓰기엔 더 낫기 때문입니다."라고 말한다. 일단 '블로그를 시작하라'는 얘기다. 잡블이라고 해도 큰 방향성만 잡고 간다면 충분히 나중에 다시 블로그를 재정비하고, 탄력을 받아 운영할 수 있기 때문이다. 나도 '은퇴연구소'라는 경제·비즈니스 블로그를 운영하고 있지만 일상 관련 글도 쓰고, 맛집 리뷰도 쓰고, 뜨거운 감자(이슈)도 포스팅하는 등 여러 분야에 대해 글을 쓰고 있다(그 비중은 10~20% 내외). 게다가 네이버 블로그에는 카테고리 기능과 프롤로그 기능이 있으므로 내가 보여 주고 싶은 것만 프롤로그에 보여 주면, 남들이 들어와서 '이 블로그는 잡블이네'라는 생각은 하지 않는다. 이것 또한 블로그의 유용한 기능 중 하나가 아닐까 싶다.

2021년 한 해 동안 네이버 블로그에서 발행된 글은 약 3억 개이다. 2020년 대비 50% 이상 증가한 숫자로 유튜브의 등장에도 검색 시장에서 네이버의 입지는 계속해서 공고해지고 있다. 1년 365일 동안 3억 개의 글이 발행됐으니, 하루에 생성되는 글만 해도 무려 82만 개에 달한다. 네이버가 '품질'과 '씨랭크'를 도입한 이유도 물리적으로 이 많은 글을 분석해 검색자에게 유용한 글인지 아닌지의 여부를 판단할 수가 없기 때문이었는데, 이젠 딥러닝 기술의 발달로 하루 발행되는 약 82만 개의 글을 분석하기 시작했다.

이것이 바로 새로 생긴 '다이아 플러스(DIA+) 로직'이다. 네이버의 누적된 데이터를 기반으로 키워드별 사용자들이 선호하는 문서들에 대한 점수를 랭킹에 반영한 모델이다. 쉽게 말해, 최적화된 블로그가 아니더라도 포스팅 자체를 잘하면(글을 잘 쓰면) 상위에 노출해 주는 로직을 말한다. 가령 검색 유저가 '한 달 살기 경비'를 검색한 경우 사용자는 실제 한 달 살기를 했을 때 얼마의 비용

232

이 드는지 궁금해할 것이다. 따라서 네이버는 이러한 검색자의 니즈에 맞춰 실제 경험이 담긴 글을 상위에 노출해 준다. 다소 품질이 낮고 씨랭크와 연관성이 떨어지더라도 실제 한 달 살기 경험을 녹인 글이라면 상위에 노출된다. 반대로 '추천 영화'라는 검색어의 경우 경험보다는 정보를 얼마나 담고 있느냐, 또 그 영화에 대한 설명과 정보 전달을 얼마나 잘하고 있느냐가 관건이다. 따라서 액션·스릴러·코미디 등 다양한 장르별로 재미있는 영화에 대한 정보를 제공한 글을 상위 노출해 준다. 기본적으로 이런 다이아 플러스 로직이 가능한 이유는 딥러닝을 통해 좋은 글들의 특정 패턴과 나쁜 글들의 특정 패턴을 분석해 사용자(검색자)의 의도에 맞는 글을 최상단에 노출해 줄 수 있는 기술이 발달했기 때문이다.

블로그는 키워드가 90%

'블로그는 곧 키워드'라고 해도 과언이 아니다. 키워드란 내가 쓰고자 하는 콘텐츠의 핵심 내용을 말하며, 제목에 그 키워드가 반드시 들어가야 한다. 그리고 본문에 최소 2번 이상 반복하여 글을 써야 하며, 글에 그 키워드와 관련된 내용이 녹아 있어야 한다. 네이버에는 '자동 완성'이라는 기능이 있다. 많은 사람들이 자동 완성 기능을 사용하여 검색하며, 자동 완성되는 검색어의 트래픽은 가히 폭발적이다. 나는 보통 웨어이즈포스트(whereispost)라는 오픈 사이트를 활용하는데, 해당 사이트에서는 키워드별 검색량, 총 조회 수, 발행된 문서 수, 비율을 확인할 수 있다. 하지만 '누구나 검색하는 키워드'는 '누구나 노리는 키워드'와 같은 말이다. 이는 곧 '키워드 상위 노출을 위한 경쟁이 치열하다'라는 말로, 블로거라면 누구나 그런 키워드를 찾기 위해 혈안이 되어 있음이 분명하다. 따라서 우리는 자동 완성이 되는 키워드 중에서 검색률이 높으면서 발행된 문서는 적은 황금 키워드를 찾기 위해 노력해야 한다. 그걸 확인할 수 있는 가장 쉬운 방법은 '문서 수 대비 조회 수'를 확인하는 것이다. 예를 들어 조회 수는 많은데 문서 수가 적다면 내 글이 노출될 확률이 높아지며, 유입이 많아질 것이다.

예전에 블로그 관련 1:1 강의를 할 때 만난 분들 중에 정말 열심히 블로그를 운영하는 분이 계셨다. 그런데 하루에 몇 시간씩 블로그에 투자하지만 방문자 수는 하루 몇십 명에 그쳤으며, 당연히 수익도 창출하지 못했다. 그분의 문제점은 단 한 가지였다. 키워드와 제목이 전혀 연계되지 않았다는 것! 가령 '우체국에서 내용 증명 보내는 방법'이라는 제목으로 글을 썼는데, 그 내용이 정말 알차고 유익했지만 이 글은 아무도 검색해서 들어오지 않는다. 제목에 썼던 '내용 증명 보내는 방법'이라는 키워드(검색어)의 조회 수는 고작 160회밖에 되지 않는다. 만약 제목을 '우체국 내용 증명 보내는 법(ft. 내용 증명 효력과 양식)'이라고 했다면 ① '내용 증명 보내는 법' ② '내용 증명 효력' ③ '내용 증명 양식' 이 세 가지 키워드를 다 잡을 수 있다. 마치 저인망 그물을 치는 어부처럼 뭐든 걸려라는 식으로 키워드를 제목에 넣고 발행해야 한다. 그래야 조회 수를 극대화할 수 있다. 이렇게 키워드를 3개로 잡으면 총 조회 수가 무려 3만에 육박한다. 같은 글이지만 조회 수 차이는 100배 이상 날만큼 키워드가 중요하다.

디테일이 생명이다

지수가 낮은 블로그의 경우 아무리 조회 수 대비 문서 수 비율이 낮다고 하더라도 문서 수 자체가 많으면 상위에 노출되기가 어렵다. 그래서 최대한 디테일한 키워드를 파고들어야 한다. 가령 초보 블로거가 '알뜰 교통 카드'라는 키워드로 글을 쓰면 노출 자체가 되지 않는 경우가 많다. 이미 검색 상위에는 다 인플루언서들이 포진하고 있다. 그러다 보니 초보가 낄 틈이 없다. 하지만 키워드를 '알뜰 교통 카드 환승'이라고 하면 조회 수는 상대적으로 낮지만 상위에 노출될 확률이 올라간다. 초보 블로거는 이렇게 디테일한 키워드를 노려야 한다. 그래야 지수가 낮아도 검색시 노출이 되고, 검색해서 들어온 이용자가 양질의 글을 보고 오랫동안 체류하며, 내가 쓴 다른 글들도 보기 시작하면서 점점 지수가 쌓이고, 결국엔 쎈 키워드도 상위에 노출되기 시작할 것이다.

요즘은 실시간 검색이 없어졌지만, 스팟성 숏테일 키워드는 여전히 인기가 좋다. 단기간에 수만 명의 트래픽을 만들 수 있으니 인기가 좋을 만도 하다. 가령 가십성이 강한 '연예인 결혼과 이혼', 혹은 '정치적 이슈'와 같은 키워드는 단기간 검색량이 가히 폭발적이다. 하지만 이런 키워드는 그 순간만 검색하고 그 뒤로는 잊히는 키워드들이다. 이런 키워드만 노리고 쓴다면 마치 경주마처럼 매일 같이 컴퓨터 앞에 앉아 사건 사고를 서치하고, 자극적으로 글을 쓸 수밖에 없다. 사이버 렉카라 불리는, 자극적 이슈만 노리는 유튜버처럼 말이다. 반면, 롱테일 키워드는 사람들이 꾸준히 찾는 키워드로 '홍삼 효과', '로열제리 효능', 'GTX-A 노선도'와 같은 키워드를 말한다. 이런 키워드는 1년 내내 사람들이 찾는다. 한번 공들여 써서 상위에 노출된다면 하루 몇백 명은 꾸준히 유입되는 말 그대로 효자 키워드가 되는 셈이다. 혹은 '롱'과 '숏'의 중간인 계절적인 키워드도 있다. '장마 기간'과 같은 키워드는 6~8월 약 2~3달간 트래픽을 만들 수 있다. 단기간에 폭발적인 트래픽을 만드는 키워드가 좋은지 롱테일 키워드가 좋은지 우열을 가릴 순 없지만, 블로그를 키우는 초반이라면 자극적인 숏테일보다는 롱테일 키워드에 방점을 찍고 운영하는 편이 좋다.

부의
지식
사전

부의 지식 사전	소득 파이프 만들기, 블로그
TIP 5	

목적 의식이 명확하지 않으면 중간에 멈추게 된다. 잃어버린 물건을 찾을 때도 분명 여기 어딘가 뒀다고 생각하고 열심히 찾으면 찾을 수 있는데 반해 반신반의하며 대충 훑어보면 못 찾는 경우가 허다하다. 그만큼 목적 의식이 중요하다.

내가 처음 블로그를 시작했던 건 지금 누리는 소비의 즐거움을 고스란히 누리면서 시간적 자유를 얻고 싶었기 때문이었다. 평일 땡처리로 저렴한 항공권을 예약해서 며칠 여행도 다녀오고 싶고, 점심때 커피 한잔 마시면서 여유롭게 영화도 한 편 보고 싶고, 아이들에게는 원하는 교육도 시켜 주고 싶었기에 소비를 극도로 절제하는 파이어족이 아닌 진짜 경제적 자유를 가지고 싶었다. 그렇게 블로그를 시작했다.

소득 파이프에는 여러 가지가 있을 수 있다. 주식과 부동산 투자로 시세 차익 및 고정 수익(배당 및 임대료)을 만들 수도 있고, 프랜차이즈 창업을 통해 부수익을 올릴 수도 있으며, 유튜브나 블로그로 수익을 낼 수도 있다. 하지만 주식과 부동산은 원금 손실이라는 리스크를 수반하며, 프랜차이즈 창업은 초기 투자 비용 회수 문제가 발생한다. 특히 가맹 본부의 광고 홍보 이면에 숨겨진 실제 마진율은 생각보다 적은 편이다. 우리나라 탑3 안에 꼽히는 프랜차이즈

238

본사 기획팀으로부터 받은 자료를 보면(가맹 홍보용이 아니라 실제 정산 자료) 가맹점주의 실제 마진은 10% 정도밖에 되지 않는다. 매출 원가를 제외하고도 인건비 22.4%, 임대료 4.8%, 각종 광열비 2%, 카드 수수료 등 판관비(판매 관리비)만 32.4%가 빠진다. 거기에 원가까지 더하면 이익률은 19% 정도 되고, 여기에 세금을 떼면 사실상 이익은 10%대 초반에 그친다. 월 2천만 원의 매출을 올려도 손에 쥐는 돈은 고작 200만 원이 조금 넘는다.

하지만 블로그의 경우 초기 투자 비용이 들지 않으며, 여러 방면으로 확장이 가능하다. 직장인이 부업으로 활용할 수도 있고, 사업자라면 마케팅 용도로 쓸 수 있으며, 프리랜서라면 자신의 레퍼런스로 이용할 수 있다. 물론 블로그를 통해 수익을 내고 자신을 브랜딩하며, 마케팅용으로 활용하려면 상위 노출이 되어야 하고, 그 과정은 고통스럽다고 표현할 수 있을 정도로 어렵다. 하지만 그 과정을 견뎌야만 블로그로 유의미한 수익을 거둘 수 있다.

그럼에도 불구하고 개인적으로는 블로그라는 소득 파이프를 만드는 걸 주변에 추천한다. 단순히 개인의 기록을 남기는 일기장을 넘어 사람들에게 정보를 주는 글을 쓰기 시작하면 자료가 쌓이고, 그 자료는 곧 내 지식이 된다. 그 지식을 바탕으로 삶이 풍부해짐을 느낄 수 있으며, 글 쓰는 스킬이 늘수록 양질의 콘텐츠를 제작할 수 있다. 그러다 보면 어느 순간 블로그는 내 소중한 자산(소득 파이프)이 된다.

온전히 행복해지는 유일한 방법

'시간은 금'이라는 명제는 틀렸다. 노동(시간)을 급여(소득)와 맞바꾸는 직장인에게 시간은 일당에 불과하다. 만약 본인이 최저 시급을 받는 아르바이트생이라면, 시간은 최저 시급에 불과할 따름이다. 시간이 금이라는 말은 매 순간 자산의 크기가 커지는 부자에게나 해당하는 말이다. 나는 여러분들이 금 같은 시간을 자유롭게 쓰는 진정한 자유인이 되길 소망하며, '부의 지식 사전'이 그 길에 조금이라도 도움이 됐으면 하는 바람이다.

우리는 불확실한 미래를 위해 현재의 행복을 담보로 제공하며 살아간다. 미래를 위해 지금 당장은 힘들어도 조금만 참자며 현재의 행복을 미룬다. 그렇게 행복을 저축해서 나중에 이자까지 쳐서 갑절로 받으려고 한다. 하지만 안타깝게도 행복에는 복리의 마법이 통하지 않는다. 행복은 매 순간 느끼는 감정의 합이기에 저축할 수 없다. 그저 매일 행복감을 느끼는 것만이 온전히 행복해지는 유일한 방법이다.

하지만 '불안한 미래 때문에 현재의 행복을 포기하지 말라는 것'과 '현재의 행복을 위해 미래를 포기하라는 것'은 전혀 다른 이야기다. 우리는 지금도 그리고 미래에도 행복해지기 위해 경제적 자유를 지향한다. 내 삶이 지속되는 모든 순간이 행복했으면 한다. 그래서 돈을 공부하고 부를 모으고 있다. 리타 데이븐포트(Rita Davenport)의 말처럼 '돈은 세상의 전부가 아니지만, 산소만큼 중요하다.' 자본주의 사회에서는 돈 없이 아무것도 할 수 없다. 미국국립과학아카데미(NAS)에서 발표했던 '돈과 행복의 상관관계'에 따르면 '행복은 일정액까지 소득에 비례하지만, 그 이후부터는 비례하지 않는다'고 한다. 반대로 이야기하면 일정 시점까지는 소득과 행복이 비례하는 셈이다.

　이미 우리의 인생은 큰 변곡점을 여러 번 지났다. 10대의 학업 성취도와 대학교가 우리의 인생에 있어서 큰 방향을 결정했고, 20대의 취업이 향후 밥벌이의 그릇 크기를 정해 버렸다. 이제 남은 건 그 이후의 투자다. 30대, 40대 때의 투자 성적이 앞으로 남은 인생의 향방을 결정한다. 우리는 '돈'을 터부시하지 말고 끊임없이 공부해야 하며, 결국은 해피엔딩이라는 믿음을 가지고 한 단계 한 단계 전진해야 한다. 물론 그 과정에서 좌절도 겪겠지만, 작은 성취에 만족감을 느끼며 노력하는 과정을 반복하다 보면 어느새 경제적 자유를 이루는 단계에 이를 것이라 믿는다.

돈의 흐름을 가장 쉽게 설명하는 부자 입문 지침서

부의 지식 사전

1판 1쇄 인쇄 2023년 5월 20일
1판 1쇄 발행 2023년 5월 30일

지은이　　은퇴연구소
발행인　　김형준

편집　　　김지혜
디자인　　책은우주다

발행처　　체인지업북스
출판등록　2021년 1월 5일 제2021-000003호
주소　　　경기도 고양시 덕양구 삼송로 12, 805호
전화　　　02-6956-8977
팩스　　　02-6499-8977
이메일　　change-up20@naver.com
홈페이지　www.changeuplibro.com

ⓒ 은퇴연구소, 2023
ISBN 979-11-91378-37-5 (13320)

체인지업북스는 내 삶을 변화시키는 책을 펴냅니다.